JN010868

# 私たちはなぜ「女」を面倒に思うのか

あるある女性の悩み

Hiroko Mizushima

水島 広子

# 本書をお読みになる前に

## いろいろな女性に見られる、一連の困った特徴<br>相手の深層心理を知っておけば、<br>女性同士の関係は、もっとスムーズになる

女性によく見られる対人関係の悩みは、一体どこから来るのでしょうか？　精神科医の水島広子先生は、女性の嫌な部分をかぎかっこ付きの「女」と呼び、深層心理に迫る鍵と位置付けています。

かぎかっこ付きの「女」は、性別としての「女性」を意味するのではなく、嫉妬深い、表裏がある、人のことを決めつけたがる、群れたがる、などいわゆる「女の嫌な部分」と言われる

ような性質のこと。女性だけでなく、男性にも見られる性質です。

「女」が作られた背景には、男性に選ばれて初めて価値が生まれる、気が利くことを求められる、などがあり、そんな中で傷ついてきた結果と考えられます。

本書は、北日本新聞で２０１６年から２０１９年に連載されたコラム「『女』のホンネ」に寄せられた、読者からの質問とそれに対する水島先生の回答を、「女の嫌な部分」である４テーマに分類してまとめました。

第１章「嫉妬」、第２章「表裏」、第３章「決めつけ」、第４章「群れ」として、女性によく見られる対人関係の悩みを読者の質問から具体的にご紹介します。背景にある「女」のホンネを水島先生といっしょに読み解いていきましょう。

contents

# 表裏

Two-faced

## 第2章

# 第3章 決めつけ Judgment

contents

# 第4章 群れ

Grouping

第1章

# 嫉妬

Jealousy

## 本章で取り上げる「女」のホンネ

常に他者よりも「上」だと認められなければ不安。

抜け駆けは許さない。自分だけ取り残されたくない。

「ださい、とか思われているのではないか」

部下が子どもを理由に不規則な勤務になることが不満。

血縁でない関係では、

なかなかネガティブなことは言いにくい。

若く有能で落ち着きのある後輩に嫉妬がある。

自分が満たされていない。

実家で安定して暮らすお姉さんがうらやましい。

## 先生への質問

# マウンティングされると、困ってしまいます

「マウンティング女子」という言葉があるように、常に周りを格付けし、自分の方が上だとアピールする女性がいます。自分と相手の女性を比べるだけではなく、恋人や夫、子どもまでが格付けの対象になります。このような女性の心理はどこから来るのでしょうか？　またそうした女性をうまくあしらうための処世術を教えてください。

# 自分の方が上だと<br>アピールしたがるのはなぜ？

私の旦那、医者でしょ…
妻にも色々求められるから、もう大変よ…○美はいーなぁー気楽で
ガウウ
・・・・

## 「女」のホンネ

常に他者よりも「上」だと
認められなければ不安。

## 有力な男性上司に気に入られるようにして、出世につながる機会を増やす

歴史を振り返り、おおざっぱに言えば、「女」は選ばれて自分の価値ができるもの。伝統的に見た場合、社会的に地位の高い男性に選ばれれば女性も自分の地位が高まる、ということは現実でした。部長に見初められれば「部長夫人」。係長に見初められた「係長夫人」よりも社会的な地位が高くなるのです。どれほど「係長夫人」の方が人望もあり有能であったとしても、です。

また、今はキャリアウーマンが当たり前と言っても、有力な男性上司に気に入られれば、出世が保証されることが多いと言えるでしょう。「社会的地位の高い女性」とは、つまり、「社会的地位の高い男性に気に入られた女性」と言うこともできるのです（もちろん、

本当に実力で高い地位を得た女性もいますが）。その陰には、気に入られなかった（選ばれなかった）女性がいるのです。

## 自分の方が「上」だとアピールして「選ばれやすくなる」ようにする

「マウンティング」は本来、動物社会の序列を確認する行為です。「マウンティング女子」とは、常に周りより自分が上だとアピールする「女」のこと。「女」は、常に「他の女性と比べて私はどうなの？」ということが気になっている存在ですから、本当は自分に自信がなく、常に他者よりも「上」だと認められなければ不安な存在なのです。前述したように、歴史的に、あるいは現在でも、「女」は（多くは男性から）選ばれて初めて価値を持つものですから、気持ちは理解できます。ですから、マウンティングをして、自分の方が「上」

になり「選ばれやすくなる」ようにするのも、当然の心理だと言えます。

## 自分の周りにいるもの（恋人、夫、子ども）が「格上」であることを望む

この心理は、自分だけでなく、自分の周りにいるもの（恋人、夫、子ども）の評価にも及びます。その人たちが「格上」でなければ、自分自身の価値が下がってしまうのです。現実に、既婚女性が子どもの格付けによって別の男性に選ばれるなどということはないでしょうが、きれいな服を着て、きれいなメイクをして、習い事をして、「選ばれてきた」女性にとって、自分のアクセサリー的な「周りの人」は重要なのです。

## 不安が募って、マウンティングという
## 不適切な行動をとる

さて、自分がマウンティングされてしまった場合はどうしたらよいのでしょうか。基本的には、マウンティングを「勝負」と考えないことです。人は不安なときに不適切な行動をとるもの。マウンティングも含めて、です。ですから、「ああ、不安なんだな」と思えば十分です。

相手は不安なのですから、効果的なのは不安を和らげることです。「本当、頑張っているよね」「よい恋人を持って幸せだよね」「よい結婚をしたね」などと、相手をほめてあげるとよいと思います。自分は関係ありませんので、自分との比較は必要ありません。ただ、相手の不安を和らげてあげればよいのです。

## 「マウンティング＝困っているというサイン」ということを不愉快に感じるなら……

　ここで「なんで？」と思うのであれば、自分の中の「女」を考えてみましょう。どんな人の中にも（男性でも）「女」はあります。状況によって、それが濃く現れたり、全く気にならなかったりするだけです。「相手がマウンティングしているのに、なぜ寛大に扱うの？」と思った方は、「マウンティング＝困っているというサイン」ということを、よく思い出してください。それが不愉快なのだとしたら、自分自身がマウンティングをしているのかもしれません。

　マウンティングに対して同様の姿勢でやり返すと、相手の「困り度」を増しますので、結果はさらに不快なものになると思います。

## ♥ ただ、相手の不安を和らげてあげればよい

## 先生への質問

# 先輩への〝気遣い〟に苦労しています

女性ばかりの職場に転職しました。「先輩を立てる」という絶対ルールがあり、苦労しています。例えば、お菓子を配るとき、広いフロアを行き来しながら、必ず社歴順に配らなければなりません。休日に先輩から理不尽な呼び出しがあったときも、従うしかありませんでした。性格に難があっても、営業成績がよくなくても「先輩」というだけで、上に立てて接しなければならず、そうしなければ陰口を言われます。男性もいた前の職場はもう少し合理的でした。割り切れない思いを飲み込んで「はい」と従っています。

# 先輩というだけで服従するのは不合理に感じる

さすがです～
スゴーイ
尊敬してます～
モヤモヤ
センスのかたまり～
ふふん
年功序列
その服、ステキです～
ズラーッ

「女」のホンネ

# 抜け駆けは許さない。
# 自分だけ取り残されたくない。

## 先輩を立て、ラインに乗っていれば取り残されることのない職場文化

これは職場の文化の話ですね。抜け駆けを許さない「女」の特徴ゆえ、とも言えます。年功序列をきちんとしておけば、そのラインに乗っている限り、自分だけが取り残されることがないからです。自己肯定感の低い人にとって、これはそれなりに安心できる環境だと言えますね。

## 組織としての上下関係を厳しく規定して守らせる

もちろん、男性の文化にも似たようなところがあります。例えば、体育会など。上下関係が大変厳しいことで知られていますね。職場

でも、組織としての上下関係を厳しく規定しているところもあります。厳しさは職場それぞれだとも思いますが、終身雇用・年功序列型社会だったときの男子社会もある意味では同様だったと言えるでしょう。

さて、この職場の文化とどう関わるか、ですが、もっともスッキリするのは、「そういう面倒な人間関係も含めて、この職場」と割り切ることです。運動をしたくて体育会に入部したのに、むしろ上下関係の方が中心、というような状況に似ています。運動をするためには上下関係を守らなければならない。ですから、本当にやりたいこと（運動）と上下関係をセットにして受け入れるのです。

職場の文化を受け入れてしまうのが最も無難ですし、ご相談者さんは今もそうされているわけですが、同じことをするのでも、「どうして？」と不満を抱きながらするのではなく、「今の職場における仕事の一つ」と能動的に取り組めば、自分の精神的自由が少し増えると思います。

## 文化になじまない人に「変わり者」の烙印《らくいん》を押す

もちろん、割り切ってしまって、文化になじまず陰口を言われるのも一つのやり方です。「陰口を言われます」とのことですから、実際陰口を言われている人を見たことがあるのでしょう。そうであれば一人ではありません。陰口を言われる人の生活を観察して、自分に真似できそうか、親しくなれそうかを見てみるのもよいと思います。

「変わり者」という烙印を押されるのも悪くありません。愛想だけはよくして、「敵」ではないということを示しつつ、ルールに従わない、というやり方です。いわゆる「天然」と言われるタイプですね。何か注意されたら明るく「ああ、そうでした。ごめんなさい忘れっぽくて」とか「一度に複数のことに取り組めないタイプなので、どうしても抜けちゃって」と元気に謝っていく、というやり方です。「あの人には期待しても無駄」と思われれば、しめたものです。

## 休日でも後輩を理不尽に呼び出す

そもそも、真面目でやる気がある人ほど、こういう職場を苦手と感じると思います。「理不尽」「性格に難がある」「営業成績がよくない」などのキーワードを拾ってみると、常識的な理屈を大切にする方なのだと思います。そういう方は他の職場でもうまく勤まるもの。転職は常に視野に入れてよいでしょう。

現状の改善を求めたい気持ちはよくわかりますが、ここまで文化が仕上がってしまっていると、なかなかそうもいきませんね。変えようとすると「敵」認定されて、日々が辛くなると思います。

人を変えることはできない、というのが原則です。しばらく「変わり者」風にふるまって、逆風が強くなったら転職する、くらいの大きな見通しを立てておくのもよいのではないでしょうか。また転職？と不安に思うかもしれませんが、できるだけ自分に合った文化の職場を見つけよう、という指針を持っておけば、転職の際の判断もうまくできるように思います。

## ♥ 人を変えることはできない、というのが原則

# 先生への質問

## ママたちの輪にうまく入れません

この春、東京から地方に引っ越してきました。前は子どもの保育園の「ママ友」とのおつきあいが楽しかったのですが、転入先の保育園ではママ同士のおつきあいが固定化しているようで、うまく輪に入れません。子どものことを相談し合ったり、子どもと一緒に遊びに行ったりできるような友達が欲しいのですが、どう声をかければよいでしょうか。

# ママ友との距離を なかなか縮められない

輪に入れない…
帰ろよ
僕も行きたい
アハハハ
ほんとにー!?
それでねー
今日これ作った
ねー
わーい

# 「女」のホンネ

## 「ださい、とか思われているのではないか」

## 「東京から来た」新しいママに異物感や不安を感じる

ご自身が東京から地方への転居という大きな変化を乗り越えている最中には案外気付かないものですが、迎え入れる側にとってもそれは大きな変化となり得ます。「新しいママが来た！」という変化に誰もが適応しなければならず、それが自分たちのそれまでの平和を脅かすような気になる人もいるでしょう。

特に「東京から来た」ということだと、「洗練された都会から来た」というイメージをもたらす場合もあります。「そんな人が私たちと仲よくしたいわけがない」「ださい、とか思われているのではないか」という異物感みたいなものが、親しくなるのを阻害することも少なくないと思います。「たまたま転勤で来たけれど、どうせあの人はこの地方に根付かない」というような目で見られてしまうこともあります。

どんな変化でも人間にとってはストレスですが、それに適応するための時間もプロセスも人それぞれです。特に相手は「新しい人」。どんな人かがよく分からないうちは、距離の近い関係を持つことは難しくても当然です。

ただ、原点に戻って考えてみれば、ママ友とは、あくまでも「子どもの友達のママ」のことなので、子どもを中心に考えてみるだけで解決することもあります。

## 「どうせあの人はこの地方に根付かない」というような目で新しいママを見る

見ていきたいのは、子どもは誰と仲よくしているか、というところです。保育園の主役はあくまでも子どもですから、お子さんが誰と親しくしているかを見て、そのお母さんと「いつも仲よくしていただいて……」みたいなあいさつや雑談をするのが王道です。それだけで、その人が属するママ友集団に入れる可能性が高まると思います。

「子ども同士が仲よしだから」は、どんなお母さんにも通用すること。お友達の親も含めて、子どもにとってよい環境を作りたいですよね。

　あるいは、保育園に参加する保護者としてのやり方。保育園にもいろいろと行事があります。そういうときに「私もお手伝いできますか？」「お手伝いできることがあったらお声をかけてください」という姿勢でいれば、一緒に行事を支えたお母さん同士で仲よくなれるでしょう。「ちゃんとこの地方に溶け込もうとしているんだ」

という感覚を与えるだけで仲よくなっていくことができるはずです。

一定の時間をかけてこれらの体験をしてみても、親しいママ友ができないのであれば、それはこの環境における限界だということができます。理由はよく分からなくても、何らかの事情によって新しい人間関係を受け入れるのが難しいのでしょう。お友達は保育園以外のところで求めた方がよいのかもしれません。

## 壁をつくって
## 新しい人間関係を受け入れない

最低限、保育園に求めることは、お子さんが安心して過ごせることだ、と割り切れば、違うところにお友達もできるでしょう。

どうしても壁のような感じ方がきつければ、保育園の先生に相談してみることもできるでしょう。それだけでぐっと気が楽になるでしょうし、もしかしたら先生が気にかけてくれることによって、他のお母さんに話しかけやすくなるかもしれません。

### ♥ お子さんが誰と親しくしているかを見て

# 先生への質問

## 女性上司に嫌みを言われます

育休明けで、保育園に通う1歳の男の子がいます。体調を崩しやすく、そのため出社が遅れたり、急に休まなければならないことがあります。成人した息子がいる50代の女性上司から「私が若い頃はそんな簡単に休めなかった。よい時代になったわね」と嫌みを言われることがあります。彼女は両親と同居し、保育園の送り迎えも食事の用意もほぼ任せきりだったのを知っています。私は頼れる人が近くにいません。時代や社会が変わっているのに、自分を基準にされるのは困ります。どうすれば分かってもらえるでしょうか。

# 子どもを持つ上司として
# もう少し親身になってほしいのに

ごめんなさい、子供が熱を出して
早退させていただきます
え〜〜っ またあ？
私が若い頃はそんなことで早退できなかったわよ
ちゃんと体調管理してるの？

「女」のホンネ

部下が子どもを理由に
不規則な勤務になることが不満。

## 現在の不便に不満を述べるだけで部下を思いやれない

結論から言えば、この女性上司に分かってもらえることはないように思います。というより、分かってもらう必要もないと思います。自分は実家の力を借りてやりくりしたわけですから、本当に苦労したわけではない。でもちくりと「私の頃は……」と言いたくなるのは、単に現在の不便（部下が子どもを理由に不規則な勤務になる）に不満を述べているだけなのだと思います。もっと懐が深い人であれば、「自分の頃は実家に全面的に支えてもらえたけれども、自力でやりくりしていて大変だろうな」と思ってくれることでしょう。

もちろん、その時代にはその時代なりに苦労もあったでしょう。「子どもがいるのに仕事を続ける」ということ自体が白い目で見られたのかもしれません。そういう意味で、その人も苦労していないとは言えませんが、胸襟を開いて、「私は物理的には実家にかなり頼れたけれども、当時は子どもがいるのに働くのか、という目で見られてきつかったわ。そういう意味ではいい時代になったわね」「私の頃は簡単に休めなかったから、結局実家におんぶにだっこになってしまったけど、本当はもっと自分でやりたかったわ」などと言ってくれれば、関係性が改善すると思うのですが、お話を聞く限り、そういう柔らかいタイプの人でもなさそうですね。

## 仕事上の不都合が突然もたらされると自己防御したり反発的な態度に出たりする

実害が「嫌み」だけなのであれば、「この人は、時代の変化とか、もっともらしいことを言っているけれども、要は現在、部下が子どものために不規則な勤務となることに単に不満を感じているだけなのだな」と思えば、それだけの話です。いちいち「嫌み」が出るのは、だいたい子どもの健康関連のことが突発的に起こるからでしょう。人間は、自分にとってネガティブなニュースが突然もたらされると、とりあえず自己防御したり反発的な態度に出たりするのです。

　そんな人をそれ以上逆なでしても、関係性が悪化するだけで何も得るものはありませんから、「先輩方の努力があったから、社会が変わってきたんですよね。本当に、感謝しています」と言ってみる程度でどうでしょうか。もちろん、そんなことを本気で思う必要はありません。でも、仕事上の不都合が出ただけで「よい時代になったわね」などと嫌みを言ってくる人とは、できるだけトラブルを起こさないで、相手を尊重してあげるのがもっとも安全な方法です。

## 何かしら羨望《せんぼう》や不安があって「私が若い頃は……」と言ってしまう

もう少しは話が分かりそうな人であれば、「見事に仕事と育児の両立を成し遂げた先輩だからお話しするんですけど、育児との両立に悩んでいて……」と「相談」という形で尊重することも可能ですが、こんなに一方的に断罪するようなタイプの人では、「頼られた」という喜びよりも、「子どもが大きくなるまで仕事からは離れたら？」のような反応が返ってくるリスクもあり、それほどお勧めできません。しかし、いわゆる「性格が悪い」タイプでなければ、「相談」されれば一肌脱ごうと思ってくれる人もいるはずです。

全般に、「私が若い頃は……」が出てくるときは、「現在」、何かしら羨望や不安があるとき。いちいち反応しないで、「こういう時代になったのは、先輩方のおかげです。本当に感謝しています。これからもいろいろと教育してくださいね！」と、相手を癒やす方向で接するのが最も安全だと思います。

## ♥ いちいち反応したりしないで、相手を尊重して癒やしてあげて

先生への質問

## 無神経な義母に戸惑っています

20代会社員。義母の気持ちがつかめず悩んでいます。夫は毎年、義母に誕生日プレゼントを贈っていますが、昨年は仕事が忙しく忘れてしまいました。そのことで、しょっちゅう嫌みを言われるそうです。ちなみに私たちは一度も誕生日プレゼントをもらったことがありません。義母は少し無神経なところがあり、結婚前、私がいる前で彼に「前の彼女の方がよかった」と言ったこともあります。そんな態度に夫は愛想を尽かしていきます。私も夫から義母の話を聞けば聞くほど疎遠になってしまいます。ただ家族である以上、多少我慢しても良好な関係を築いていきたいと思っているのですが、どうすればよいでしょうか。

# 彼とは相性抜群でも、<br>義母とは相性が悪い

やだ…
この料理
マズイわ…
ボソ…
前の彼女の方が
よかったわ…
ムシャ
ムシャ
ガーーン

「女」のホンネ

血縁でない関係では、
なかなかネガティブなことは言いにくい。

## 家族が戸惑うようなふるまいをする

義母との関係に悩んでいる女性は少なくないと思います。自分は相性のよい男性と結婚したけれども、その母親と結婚したわけではないので、相性がとても悪いということもあるでしょうし、ふるまいに戸惑う、ということもあるでしょう。このケースは、それが顕著な例だと思います。

「家族だから」と言っても、結婚は夫婦の問題。義母のふるまいがあまりにもひどければ、それを何とかするのは実の子どもである夫の仕事。しかし、夫はすでに愛想を尽かしている様子。配偶者としては、夫から「○○してほしい」と言われるまでは、そのままでよいのだと思います。そして、「○○してほしい」と言われた際には、自分の気持ちを正直に夫に伝えて、少しでもストレスを減らしたいですね。

「家族だから」と言っても、血縁でない関係では、なかなかネガティブなことは言いにくいでしょう。同居しているのであれば、確かに「家族」を意識する必要がありますが、別居であれば、相手は「自分の家族」ではなく「夫の母」。自分が背負い込まなければならない関係性ではないと思います。

## 失言では済まされないくらい失礼なことを平気で言ってしまう

できれば仲よくしたい、という気持ちはわかります。しかし、人によって、適した距離は違います。

そもそも、「前の彼女の方がよかった」というのは、失言では済まされないくらい失礼な話だと思います。しかし、ここまでのことを平気で言ってしまうような人を変えることは、まず期待できないでしょう。義母を変えることもできないし、では自分が我慢すればよいかというと、それもまた違うと思います。結婚生活は幸せのためのものであって、我慢や辛さのためのものではないからです。

関係性というのは作っていくもの。自分が我慢する関係性を作ってしまうと、自分を傷つけていきます。「少しの我慢」と思っていたものが、将来的には生活を支配してしまうことにすらなりかねません。

基本として、義母と直接の関係にあるのは夫。全体に、「言いにくいことは血縁で」という原則を設けると楽です。何か義母に伝える必要があるのであれば、夫から伝えてもらいましょう。

しかし、このケースの場合は、夫も愛想を尽かしている、夫は母についてのネガティブな体験を、妻には話している、ということですから、夫の中では「夫婦」が中心で、義母は「困った母親」なのでしょう。

## 「人を変えることはできない」ということを認めて疎遠になる

夫と義母の間には、それなりに不愉快な事情がたくさんあるのだろうと思います。母親が不治の病の告知をうけるなりしたときは、夫は真剣に「母親との関係を修復したい」と思うかもしれません。そのときも、自分の我慢は最低限にして、夫の方針に合わせてください。また、今の自分に「無理」と思うことは簡単に引き受けないでください。

そんな機会が来るまでは、「疎遠になる」という、夫が考えた（？）

やり方が一番なのでしょう。相性の悪い者同士は、疎遠になるのが適切な距離だと言えるからです。

今の時点で「相性は自分の努力によってどうにかなるはず」と思っている方は、「人を変えることはできない」（相手のプロセスの中で変わることはありますが）ということを認め、自分の結婚生活をきちんと守っていきましょう。

## ♥「言いにくいことは血縁で」という原則を設けて

先生への質問

# 女性グループの嫌がらせが続いています

20代の会社員女性です。職場内で盗難や私物へのいたずら、嫌がらせのようなことが続くようになりました。犯人は恐らく年齢が一回りほど上の女性グループなのですが、あまりにも子どもじみていて、正直怒りすら湧いてきません。それに小さな会社なので、波風を立てたくはなく、上司に訴えるつもりもありません。ただ我慢していることに疲れます。あまりマイナス感情にならず、向上心を持って楽しく仕事をするには、どうすればよいですか?

# 先輩からの嫌がらせに困惑。対応策が思いつきません

あ…
変なシールが貼られてる…
またいたずらか…
びっくりしてるよ!
クスクス
やだ~
好みの男性のシールで喜んでる~
LOVE
SUKI♡

## 「女」のホンネ

若く有能で落ち着きのある
後輩に嫉妬がある。
自分が満たされていない。

## 目の前の仕事に集中できず若く有能な後輩に嫌がらせをする

面倒ですね。明らかにこちらは被害者なのですが、小さな職場で波風を立てたくないという気持ちもわかります。

ここで相手の立場に立ってみましょう。自分が満たされていれば、そんなことはしないはずです。おそらく、若く有能で落ち着きのある後輩に対して嫉妬があるのではないでしょうか。

嫉妬はとても苦しい感情です。嫌がらせをしたからといって、解放されることはありません。また、嫉妬は、自己肯定感を低めていきます。つまり、これは相手の問題であって、ご相談者の問題ではないと言えます。

## 意地悪ぐらいしかできない仕事が楽しめない

そうは言っても不愉快ですね。そんなときは、目の前の仕事に集中していきましょう。現在への集中はストレス解消のための、そして充実した人生を生きるためのカギです。現在とつながれば、嫌なこと（つまり、過去の記憶）からも解放されますし、未来の心配（また嫌がらせを受けるのではないか）からも解放されます。

また、常識的な同僚や先輩とよい関係を築きましょう。職場はあくまでも協力し合って仕事に集中する場です。同じスタンスで仕事に関われる人たちと共に働きましょう。

こんなときに役立つ考えとして、「全体における割合」という考え方があります。自分の頭の中で、あるいは気持ちの中で、面倒な人たちのことをどのくらいの割合で考えるかということです。その割合をできるだけ小さくして、仕事そのものや、快適に働ける人たちとの関係の割合を大きくすれば、意地悪があっても、トータルから見れば小さな問題にすることができます。嫌なことを気にしすぎると、その割合が高くなってしまい、ダメージが大きくなりますし、仕事の意欲にも関わってくるでしょう。

　仕事を楽しめない、意地悪ぐらいしかできない人たちは、考えてみれば気の毒です。でも、気の毒な人たちを救済する職務は与えられていないのです。まだしも相手が後輩であれば適切に指導することが仕事の一部になるかもしれません。しかしこのケースでは先輩です。改善しようとすると、彼女たちのプライドを傷つけ、ややこしいことになるでしょう。そもそもが嫉妬から生じている問題なのですから、事態がもっと大きくなる可能性が高いです。

# 嫉妬から後輩を適切に指導できない

もしも率直に打ち明けられる同僚や先輩がいれば、話を聞いてもらいましょう。解決につながらないとしても、気持ちが楽になるはずです。告げ口をするようで気が引けるかもしれませんが、人間にとって愚痴を言うことは案外大切なことなのです。人からの精神的サポートは、嫌がらせの衝撃を和らげてくれます。その力は大きいものです。

愚痴を言うことに抵抗があれば、ただ起こった事実だけを伝えるとよいでしょう。あまりに感情的に愚痴を言うと、「どっちもどっち」と思われかねませんね。あるいは、「愚痴みたいで申し訳ないんですけど」と一言添えてから話し始めれば、常識的な人だとわかってもらえるでしょう。

現在とのつながり。理解ある人とのつながり。これらは、どんな悪条件を乗り越える際にもとても重要なポイントとなります。

## ♥ 意地悪があっても、トータルから見れば小さな問題

## 先生への質問

# 妹が主張する〝平等〟に悩んでいます

独身の45歳会社員。実家で両親と暮らしています。3歳下の妹が「きょうだいは何でも平等」を主張してきて困っています。例えば、両親が私の扶養家族になっていることで私が得をしているとか、食費や光熱費を使った分払っていないとか、お金に関することが多いです。確かにそういう面はありますが、一緒に住んでいることで気苦労も多いですし、経済的な負担もあります。妹は結婚していて、子どもはもうすぐ成人です。生活も比較的余裕があります。大人になれば環境も立場も変わり、「平等」は理想にすぎません。どうすれば分かってもらえるのでしょうか。

# 幸せだと思っていた妹が、理不尽な権利主張をしてくる

お姉ちゃん、光熱費とか、使った分は払うべきじゃない？
ズルイ！
ズルイよね…平等じゃなさすぎる…
ズルイ！
お父さんとお母さんを扶養に入れて、自分だけ得してない？
ズルイ！
自分は結婚して余裕あるのに!?

「女」のホンネ

実家で安定して暮らす
お姉さんがうらやましい。

## 理不尽な権利を主張する

ここまで生活環境が違うのに、形ばかりの「平等」を求められても困りますね。妹さんは生活にも比較的余裕があるということですから、本当にお金に困って、というわけでもないのだと思います。

ただし、はたから見れば、既婚者、子どももうすぐ成人、というのは幸せと安定の象徴のように見えますが、実際に何が起こっているのかはわかりません。夫婦間はうまくいっているのか。お子さんに問題はないのか。老後を考えたときに、何か特別な不安があるのではないか。

人が一見理不尽な権利を主張するときというのは、不安も含めて、何か困っているときだと言えます。満たされて安心しているときには、そんな主張はしないものだからです。

　ですから、目標は、「平等」は理想にすぎないとわかってもらうこと、というよりも、妹さんが何に困っていて、どう協力してあげられるかを考えることではないでしょうか。

　もしかしたら離婚の危機にあって、今後の住まいの不安があるのかもしれません。そんなときは、ご実家で安定して暮らしているお姉さんがうらやましく思えるものです。あるいは、お子さんに問題があって、自立までの道のりがまだまだ見えないのかもしれません。この頃の若者のメンタルヘルスを考えると、十分にありうる話だと思います。

## 「いつもお姉ちゃんだけひいきされている」と思い込んでいる

「平等」について同じ土俵で説得を試みようとするよりも、「この頃どう？」「うまくいっている？」「心配事があったら、二人だけのきょうだいなんだから打ち明けて」などとまずは妹さんの現状を聴いてみるところからではないでしょうか。妹さんが素直に悩みを打ち明けてくれたら解決の道が開けるでしょう。

しかし、ここまでの姉妹の関係性が、例えば「いつもお姉ちゃんだけひいきされている」などという性質のものだったら（少なくとも、妹さんから見て）、悩みを打ち明けてもらって一緒に解決、というわけにもいかないと思います。

そういう場合には、「本当に困ったことがあったら言ってね」という程度で、あとはそれぞれの人生と割り切るしかないと思います。同じような関係性でも「親の面倒を押し付けておいて、ずうずうしい」と扱っている人もいるでしょうから、ご相談者は優しい方なのでしょうね。

ただ、その優しさを、妹さんに理解してもらって仲よくやっていく、という方向に発揮しようとすると、お互いのストレスが増すだけかもしれません。ですから、優しさを、「こんなに理不尽な主張をしてくるくらい、何か見えない悩みがあるのかな」と考えてあげるくらいにとどめてあげた方がよいと思います。

## 「平等」は理想にすぎないということが理解できない

考えてみれば、子どもがもうすぐ成人、という年頃には、特に目立った問題はなくても、多くの女性が人生を考え直すとき。それまで子育てに夢中だったのが、目標を失って、中にはうつ病を患う人すらいます。また、老後に直面するとき。妹さんの細かい訴えからは、もしかしたら背後に精神的な問題があるのかもしれないとも考えられます。さすがに妹さんに「あなたは精神的におかしいから、精神科に行ったら？」などと言うことはできないでしょうから、あまりにもお困りのようでしたらご自身で「妹さんについての相談」として専門家を訪れてもよいと思います。

そこまででもないのであれば、いろいろ言われても「そういう部分はそのとおりね」くらいの感じで、ただ穏やかに（しかし距離をとって、振り回されず）話を聴いていくことで乗り越えられるかもしれません。

## ♥ 振り回されず、ただ穏やかに話を聴く

# 第2章

# 表裏

Two-faced

## 本章で取り上げる「女」のホンネ

嫌われるのは嫌だ。「よい義母」でいたい。
実家になど帰らないで、私を大切にして。
自分を注意する相手を「敵」とみなし、
「自分を否定された！」と感じてしまう。
自分に自信が持てない。
男性に愛想を言って自分の価値を確かめたい。
パートを使いこなせず、焦っている。
うまく回らない部分は立場が下の人の責任にしたい。
相手を悪く言うことで、自分を正当化したい。
自分の信じる方法で取り組んでいるのに
「そうではなくて、こうしたらどう？」と
言われると、しばらく受け入れられない。
気持ちを察して距離をとってきたけれど、
今はすがりつきたい気分。

## 先生への質問

# 義母との関係に疲れ切りました

40代の専業主婦です。同居している義母との関係に疲れています。一見、「理解ある義母」のように振る舞っていますが、態度は異なります。「いつでも実家にも遊びに行ってきていいのよ」と言われるのですが、実際に行って帰ってくると、あからさまに不機嫌な様子です。夫も板挟みになっています。一つ屋根の下に暮らす義母と、どうすればよりよい関係を築けるのでしょうか。

# とりあえずよい顔をする。
# でも、それは本心ではない

今週末、実家に帰ります
いつでも実家に遊びに行ってきていいのよ
お母様もさみしいでしょうから
て、言ってたのに!!
ーんっ!?
プイっ
ふんっ
プイっ

## 「女」のホンネ

嫌われるのは嫌だ。「よい義母」でいたい。
実家になど帰らないで、私を大切にして。

## とりあえずよい顔をする、ものわかりのよいことを言う

息子は概ね母親に対して優しいので、母親にとって息子が特別な存在であることは珍しくありません。ですから、多くの母親にとって、息子の結婚は感情的なやりくりが難しいものです。

自分の最愛の息子が、「お母さんではなく他の女性が一番大切だよ」というメッセージを、結婚を通して伝えてくるからです。そこには多かれ少なかれ寂しさや嫉妬が起こります。「息子の人生は息子の人生」としっかりと割り切っている人はそもそもこのご相談における「義母」ではないと思うので、ここでは感情的な葛藤を抱えている義母を対象に考えてみましょう。

もちろん義母も「よい義母」でいたいとは思いますから、「いつ

でも実家にも遊びに行ってきていいのよ」とは言うでしょう。特に「女」は嫌われることが苦手ですから、とりあえずよい顔をする、というのは珍しくありません。また、「嫁」をいじめることで息子に嫌われるのも困る、という気持ちもあると思います。

とりあえずものわかりのよいことを言う。でもそれは決して本心ではないから、実際にそのとおりにされてしまうと不機嫌になる。義母の不機嫌さを見ると、妻は「どうしたら彼女の機嫌をよくできるのだろう」と考え、関係性がこじれる。そんなパターンが、一つ屋根の下で暮らしていく上で慢性的にストレスの種になっている、ということは少なくないでしょう。

## 「息子を奪われた」という感情を抱えている

そもそも、義母との関係は、夫あってのものなのですから、夫にもできるだけ活躍してもらう必要があるのは間違いありません。「いつでも実家に遊びに行っていいと言うけれど、本当のところ、どのくらいならいいの？　率直なところをお義母さんに聞いてみてよ」などと相談できるのは夫だけだと思います。

夫の活躍は当然として、それでも、義母との同居という生活形態を選んだのであれば、ストレスを減じるために、同居者である義母との関係性も築いていく必要があります。そのスタート地点が「息子を奪われた」という義母の感情にあり、「息子の妻になる以上は、息子にとって最善のことをしてもらいたい（本音を言えば、うちに嫁いできた人間である以上、実家になど帰らないでほしい）」という義母の希望にある、ということは大きなハンディですが、それでも関係性を築いていくことはできます。

「女」が不機嫌になるのは、自分が大切にされていないと思うからです。「実家に帰りたがる＝義母よりも実の両親の方がよい」とも感じられるでしょう。ですから、義母が不機嫌なときこそ、義母を大切にして距離を近づけるときです。一緒に買い物に行くなど何かを楽しんで、義母との間に友情を深めましょう。義母が自慢としているレシピなどを教えてもらって、「さすがお義母さん！」とほめましょう。夫を巡って敵対関係になるのではなく、夫を褒め、「お義母さんの育て方がうまかったから」と言うのもよいと思います。

## 「やってよい」と言っておいて不機嫌になる

義母の反応を気にしてしまう妻にも、「女」の要素が影響しているのだと思います。「やってよい」と言われたことをすると不機嫌になる、というのは大人の反応ではありません。ですから、それは見なかったことにする（水に流してあげる）のも、一つの手なのです。

人との関係は、育てていくものです。「やってよい」と言われたことは思い切ってする。義母が不機嫌になったら、見て見ぬふりをする。そして、義母との友情を築けるような行動をとっていく。そうしているうちに、義母も、単なる「夫の母」ではなく、同居している年長女性、という立ち位置に近づいてくるのではないかと思います。

## 大人気ない反応は、見なかったことにする

## 先生への質問

# 女性の部下を叱れません

女性の部下に手を焼いています。遅刻が多く、周囲や仕事を顧みずに自分の都合だけで急に休暇を取るなど、勤務態度はよいとは言えません。一見、にこにことして外面がよいため、男性の上司たちは、多少のことなら見て見ぬふりをしているようです。同性である自分がしっかりと注意しなければならないのでしょうが、反抗されそうで、うまく言い出せません。むしろ男性の部下より接しにくいと感じてしまうのはなぜでしょう。

# 問題が多いけれど、外面はいいので注意するのが難しい

○月×日、お休みしまあす。ちょっと実家に帰りたくて
親孝行だなー
その日忙しいんだけどなー…
あ…うん
全部間違ってる…!
適当にやっちゃった!
まあいいや!
遅刻です〜
スミマセン〜
HAHAHA
また…?
仕方ないなー
ハー…どうしたら…

## 「女」のホンネ

自分を注意する相手を「敵」とみなし、
「自分を否定された！」と感じてしまう。

## 外面がよいため、男性上司たちは、多少のことなら見て見ぬふり

「女性上司が女性部下を注意する」のは、やりにくいと感じる人が多いと思います。この女性部下の働き方や外面を見ると、周りの都合を考えず、しかも男性社員には愛想よし、ということで、かなり「女」度が高いのかなと思います。「女」は、自分を注意する相手を「敵」とみなしやすいので、単なる職業上の注意が、「自分を否定された！」と受け取られてもおかしくないと思います。

## 周囲や仕事を顧みず、自分の都合だけで急に休暇を取る

「女」を「敵」に回してしまうと何をされるかわかりませんから、「叱

る」「注意」という要素をできるだけ減らすのがよいと思います。「注意」ではなく、「事情を聴いてみる」（私は「インタビュー」と呼んでいます）にするのです。遅刻が多いこととか、休暇の取り方についてなど、それらを否定するのではなく、事情を聴いてみるのがよいと思うのです。「そういうのは周りに迷惑」とか「そういうのは社会人として失格」みたいな思いは全く乗せない方がうまくいきます。

「定時に間に合わないことが多いみたいだけど、何か困った事情があるのかしら？」「休日は必要だけど、いつとるか、少し前に相談できないような事情があるのかしら？」と、相手を「問題人物」とみなさずに淡々と質問してみるのです。

そこから、思わぬ事情が分かってくる場合もあると思います。そうであれば、「このままでは周りの人に誤解されるから、私も協力して理解を求めましょう」ということで解決するでしょう。

「インタビュー」しても、本気で答えてくれないのであれば、「仕事をしていく上で、周りの人からの信頼は必要なのよ。今のままでは心配」という風に、彼女の味方として話してみることもよいと思います。

## 女性からの注意が苦手で、男性からの意見の方が聞き入れられる

「女」は「女」を警戒しますから、信頼できる男性部下に協力してもらうのもよいと思います。「注意は上司がすべき」と思っている人が多いでしょうから、女性上司がいるのになぜ同僚男性である自分が？　と思う男性もいるでしょう。

そんなときは、「彼女は女性からの注意が苦手で、男性からの意

見の方が入るみたいなの。大きなところでは責任をとるから、あなたが彼女に同僚として改善を促してくれない？」と、内情を明かして男性部下にやる気になってもらうのもよいと思います。男性部下は、上司であろうと、女性から「あなたを頼りにしている」と思われるのが好きなもの。上司に頼られ、それが仕事の質の向上につながるのであれば、やってくれると思います。

ところで、男性の部下の方が接しやすいと思うのは、なぜなのでしょうか。それは、一般に、男性の方が「課題達成型」であることとも関係していると思います。「ＤＯ（やるべきこと）」を与えられると、男性はそれに取り組みます。「私の顔色から読んで」と女性上司から言われる方が、男性は一般に苦手だと思います。男性は「ＤＯ（遅刻するな、休日をとるときは周りと調整せよ）」を与えられる方が得意なのです。

## 愛想よく、感じよくしていれば遅刻をしても許してもらえると思っている

一方「女」は、関係性を大切にします。愛想よく感じよくしていれば、遅刻をしても、調整なしの欠勤をしても、許してもらえるだろう、というような独特の観念があるのです。

そんな「女」でも、同僚男性から言われれば、「まあ同僚だし」と、少し姿勢が改まる可能性はあります。

それでも駄目であれば、「私は女の上司だから、複雑な気持ちもあるでしょうけど、私は本当の『マニュアル人間』なのよ。決まったとおりにやってちょうだい」と言うのは、説得力があると思います。

## ♥ 注意ではなくインタビューする

## 先生への質問

# アイドル的な女性に困惑しています

29歳の契約社員です。今の職場に男性受けのいいアイドル的な女性がいます。女性スタッフは私と彼女の二人だけですが、性格が合わず、相性も悪く、仕事がやりにくくて困っています。男性にだけ愛想を言う姿を見ていると、寂しくなります。組織の中では、女性が少なければ少ないほど、相性や性格が合わないと仕事がやりにくい部分があるような気がします。少人数の女性とできるだけストレスなく仕事をしていくために、気を付けることはありますか？　表面上だけでも、うまくやっていくこつも教えてください。

# 男性からちやほやされる
# 彼女だけがうまくやっている

男性にはー
私にできることは何でも言ってくださいね♥
オーサンキュー!
いつもありがとな
頑張りすぎるなよ
て言ってるのに…
これ、半分お願いできるかな?
えーーっ!! 何でーー!?
自分でやればいいじゃーん!!
めんどーー!!
PC

「女」のホンネ

自分に自信が持てない。
男性に愛想を言って
自分の価値を確かめたい。

## 男性に媚《こ》びて
## うまくやっていこうとする

この女性を、「性格が悪くてずるい女性」「男性にだけ媚びを売る女性」「男性からちやほやされることをエネルギーとして生きている女性」として見ると（実際そう見たくなる気持ちは十分理解できますが）、絶望的に思えてきます。彼女だけがうまくやっている、不公平な感覚も覚えますよね。

## いわゆる「女らしさ（女子力？）」にしか
## 自分の価値を置けない

私の定義で言えば、この女性はかなり「女」度の高い人。「女」度の高い人、というのは、「男性に選ばれることによって初めて女性としての価値が出る人間」「いわゆる『女らしさ（女子力？）』にしか自分の価値を置けない人」ということになります。一見図々しく見えるでしょうが、実は自分に自信がなく癒やされていない人たちです。

他の男性とバリバリ仕事ができる職場ならよいのでしょうが、彼女との協調が求められる職場なのであれば、「癒やされていない彼女」に焦点を当てていくしかありません。つまり、きちんと挨拶し、彼女の「嫌な部分」は敢えて見ないようにして、「仕事だけの関係」と割り切る、ということです。

## 男性を味方につけることで仕事のできなさを、適当に済まそうとしている

「女」度がかなり違う場合には、「女性同士なのだから助け合って」

がうまくいかないケースが多いものです。それでも、表面的だけでもうまくやっていくためには、もちろん自分は仕事を頑張るとして、アイドル的な彼女を「癒やされていない、かわいそうな存在」として見ることです。

それは、実際に起こっていることと全く逆なので、抵抗があるとは思います。しかし、彼女の嫌な部分を見て、「ああすべきではないのに」と思えば、自分が苦しくなります。でも、「男性に愛想を言って、必死で自分の価値を確かめたいのだな」と思えば、かわいそうな感じにもなってきますよね。そして、職場で、女性同士、仕事だけを介した、あるいは信頼関係に基づく、さばさばした、かつ温かい関係を作れるということを知らない、ということでもかわいそうに思います。

気を付ける点と言えば、相手の「女」をバカにしないこと。それがどれほど「男性だけに媚びを売る」という見え透いたものであっても、「この人はこうやらないと生きていけない、と信じているんだな。かわいそうに」と思えばよいのです（指摘してあげる必要はありません。相手は心の準備ができていないので、指摘すれば攻撃されたと思うだけです）。仕事のできなさを、男性を味方につけて適当に済まそうとしているのであれば、これまた「相談・協力し合える対等な人間関係から得られるものを知らないんだな。かわいそうに」ということです。

## 対等な人間関係から得られるものを知らない

自分の仕事はきちんとする。そして、「女」度の高い人に対しては、自分の「女」度をできるだけ下げて（張り合おうとしたり、嫉妬したりしない)、心の中では「早く癒やされるといいね」と思いながら、挨拶などの礼儀はきちんとする。あるいは、彼女が男性にだけ言うお愛想を、時々彼女に言ってあげてもよいかもしれませんし、時々優しく仕事を手伝ってあげて、「癒やし」の香りをかがせてあげるのもよいかもしれません。次の人事異動まで、あるいは契約満了まで、彼女との関係は変わらないかもしれませんが、「私はこういう考えに基づいて、こういうポリシーで仕事をしている」ということを自分で認められれば、ずいぶん気持ちが違ってくると思うのです。その上で相手が変わるか変わらないかは相手次第で、本質的な問題ではありません。

## ♥「必死で自分の価値を確かめたいのだな」と思う

# 先生への質問

## 怖い女性社員に委縮してしまいました

40代の主婦です。パートで働いている職場に皆に怖がられている女性社員がいます。周囲の仕事ぶりに厳しく、些細なことですぐに腹を立てます。普段は「○○さん」と名前で呼ぶのに、ミスがあると「パートさん」などと言われます。仕事で分からないことがあっても聞きにくく、思い切って質問すると「なんでもっと早く聞かないの」と怒ります。自分の態度が周りを萎縮させているとは全く思っていません。年上かと思っていたら、自分より年下でした。耐えられなければパートの自分が辞めるしかないと思うと悲しいです。

# 自分より立場が下だと思うと強く出る年下の上司

パートさんっ!!
ちょっと!!
これ間違ってる!! ちゃんとやった!?
バンッ
また怒ってる…いつもは名前で呼ぶのに…
ハイ…

「女」のホンネ

パートを使いこなせず、焦っている。
うまく回らない部分は
立場が下の人の責任にしたい。

## ミスを認める勇気がなく、自分よりも立場が下の人(パート労働者)に責任転嫁する

お話からは、その女性社員にとっても、仕事がうまく回っていないのだろうなと思います。自分にとってうまく回らない部分を「パートさん」の責任にしたくなるのでしょう。変な責任転嫁は、往々にして本人の問題です。自分のミスを認める勇気がないので、自分よりも立場が下の人（パート労働者）にそれを転嫁するのです。

年下ということからも、社会経験的に、相手のモチベーションを高めたりすることによってうまく立ち回ることができないのかな、と想像できます。立場は「正社員」であっても、それに見合う人間力を期待できるとは限らないですね。

## 「パートさん」という人格無視的な言葉を使い すぐに腹を立て、生産的でないコメントをする

今の職場で仕事を続けることのプラスを感じるのであれば（自分が辞めるしかないと思うと悲しい、ということからは、モチベーションはあるのだと思います）、働きやすい職場にする工夫を考えてみましょう。

そもそも、その正社員はなぜすぐに腹を立てるのか。なぜ「パートさん」という人格無視的な言葉を使うのか。「なんでもっと早く聞かないの」と、生産的でないコメントをしてくるのか（しかも怒る）。これらを総合して考えると、その正社員には、全く余裕がないことがわかります。

年上のパートをうまく使いこなせていないので、その自分の「駄

目さ」を相手にぶつけているのでしょうね。もちろん、正社員として有能に働いていくためには、パートの使い方もうまくならなければいけないのですから、彼女が相当焦っているのも理解可能です。

## 正社員として、パートをうまく使いこなせていないことに焦っている

まずは「基本的には正社員としての彼女の能力の問題」というところで割り切ってみましょう。そうすると、彼女の怒りも責任転嫁も、すべてが「自分が正社員として、パートをうまく使いこなせていないことへの焦り」として理解できると思います。もちろんパートが辞める必要はありません（本人が、本当に辞めるべき、という大失敗をしているのでなければ）。

彼女の基本的な姿勢を、「正社員として、パートをうまく使いこ

なせていないことへの焦り」として理解することに置けば、自己防衛に入らずに、「どうすれば職場が気持ちよく回るか」を考えることができると思います。

怖い社員が相手という場合、よく見られるのは、会話やコミュニケーションの不足です。「こんなことを聞いたら怒られるのでは……」というような気持ちから、必要なコミュニケーションも取られていないのです。それが結果として「ずれ」を生んで、さらに社員を怒らせることになるのであれば、コミュニケーションを図った方がよいということになります（「なんでもっと早く聞かないの」というところからは、そんな雰囲気も感じます）。

## 相手に恐怖心を与えてしまいコミュニケーションを取れない

分からないことはすぐに尋ねる。正社員も、問題を感じたらすぐに確認する。そういうやりとりが普通になれば、かなりの問題が解決すると思います。怖い相手とコミュニケーションするのは怖いですから、メールなど、できるだけ怖くない手段を使うのもよいでしょう。

それすらできないのであれば、正社員のコミュニケーション能力の問題なのかもしれません。もう一段階上の上司に相談してみてもよいでしょう。正社員だからといって、パートよりもコミュニケーション能力が勝っているとは言えないからです。

## ♥ 自己防衛に入らずに、分からないことはすぐに尋ねる

先生への質問

# 陰口ばかり言う同僚にうんざりしています

職場の同僚で、その場にいない人の悪口ばかり言っている人がいます。なるべくこちらからは話しかけないようにしているのですが、1対1だと無視もできず、愛想笑いしながら話を合わせている状態です。悪口ばかり聞くのが嫌で、後からどっと疲れます。どう対応すればよいでしょうか。

# 陰口が好きな人に
# 同調を求められて四苦八苦

グチ
経理の○○さんて、男好きじゃない？
グチ
この間も、すごい引くことあって、〜〜〜で
ガリ
グチ
また始まった…っっっ 聞きたくないよー

「女」のホンネ

相手を悪く言うことで、
自分を正当化したい。

## 陰口を言って、同調を相手にも求め「自分が間違っているわけではない」と確認する

陰口が好きな人への対応は、困りますね。

「悪口なんて言うべきではない」と言えば、自分が次のターゲットになります。陰口を言うタイプの人は、自分が否定されると傷ついてしまい、自分を傷つけた相手に逆襲するのが常道だからです。しかし、だからと言って同調して人の悪口を言いたくもない。

そんなときにはどうしたらよいでしょうか。

「女」度が高い人は、陰口を言うし、同調を相手にも求めます。「自分が間違っているわけではない」という確認です。実は、それほど自信がないということなのです。陰口は、「私、間違っていないよね？」「あなたも同じ立場だったら、同じように思うよね？」「あな

たは、私の味方をしてくれるよね？」という確認なのです。

そこで、一緒になって悪口を言うと、「○○さんの悪口を言った」という事実が残りますので、何かの際に問題になることもあるでしょうし、そもそも自分自身が嫌になりますよね。

## 嫌な思いをさせられたということを自分が感じるままに言う

私がお勧めするのは、「相手が経験した嫌な体験に『お見舞い』をする」というものです。悪口を言うということは、どんな形であれ、相手に嫌な思いをさせられたということ。それは、直接の体験である場合もありますし、単に「あの人が妬ましい」ということかもしれません。

いずれにしても、相手が嫌な思いをしたことは事実です。ですから、「へえ、そんなことがあったんだ。つらかったね」「そういうときって嫌な気持ちになるよね」という程度の「お見舞い」を伝えてあげれば、「相手に共感する」と「○○さんについての悪口を言わない」ことが両立するのです。

主語は常に「相手」（この場合は悪口を言う同僚）にすることがポイントです。「つらかったね」「嫌な思いはしたくないよね」と、「相手」を中心に話している限り、安全です。

また、悪口を聞くと疲れる、というのは、相手に「そんなことを言うなんて、未熟」「人間として、どうなの？」などの評価を下しながら聞いている、ということになります。

評価を下しながら人のネガティブな話を聞くと疲れます。しかし、相手は、そのときの自分が感じたことを言っているだけ。それに対して「人間として……」という評価を下すと、必要以上に疲れることになります。

## 困っているから、相手を悪く言って、一生懸命自己正当化をする

「相手にもプロセスがあって、今は悪口を言いたいんだな」と思えれば、だいぶ楽になります。そもそも、「悪口を言う」というのは、「自分が困っている」証拠。困っているから、相手を悪く言って、一生懸命自己正当化をするのです。つまり、悪口がきつい人ほど、困っていると言えます。

ですから、話を聞く側としては、「ああ、だいぶ困っているんだな」という程度に温かく話を聞き流すのが正解でしょう。

「困っているんだな」と思うからといって、助けてあげる必要はありません。助けるために、同調して悪口を言う必要はないのです。

それよりも、「ああ、私もそんな体験、したことがある」とか、「そういうときって辛いよね」という共感のメッセージにとどめるべきでしょう。

♥ **「へえ、そんなことがあったんだ。つらかったね」とお見舞いする**

## 先生への質問

# 私の気遣いを認めてほしいんです

32歳女性。自分の性格について悩んでいます。人助けや人のお世話を積極的にするタイプです。100パーセント善意でやっているのですが、相手が思うような反応（感謝、お礼）をしてくれないと、気遣いが伝わらなかったのかと残念な気持ちになります。友人に相談すると「見返りを求めるのだったら、やらなければいい」と言われてしまいました。見返りではなく、自分の思いをちょっと分かってほしいだけなのです。私は間違っているでしょうか。

# 与えたら、ちゃんとわかるように
# お礼を返してほしい

○○ちゃん、ハーブティー好きって言ってたでしょ！これ、たまたま見つけて！
えー!! ありがとー!!
後日ー
ほんとに言葉のお礼だけ…
もっと感謝してよ…お返しするとか…
モヤ
モヤ

## 「女」のホンネ

自分の信じる方法で取り組んでいるのに
「そうではなくて、こうしたらどう？」と
言われると、しばらく受け入れられない。

## 良心的なアドバイスでも否定されたと受け取る

人にはそれぞれ、本人しかわからない領域があります。様々な事情、その日の体調など、本人しか知らないのです。

適切な人助けは、本当に困っている人にとってはとても役に立ちますし、人間への信頼を得ることができます。

しかし、すべての場合にそうだとは限りません。たとえば自分の信じる方法で取り組んでいる場合に、「そうではなくて、こういうふうにしたらどう？」と言うこと（いわゆるアドバイス）は、その人の現状否定になってしまうのです。

## 自分の現状否定をされることに反抗や防御を感じる

現状否定された上で、「こうしたらどう？」と言われると、仮にそのアドバイスが役に立つものであっても、しばらく受け入れられないのが人間です。人間には、生物としての機能がいろいろと備わっていて、「自分の現状否定をされる＝反抗や防御をする」というのが極めて普通だからです。

本当に適切なアドバイスなのであれば、時間の経過の中で感謝が表現されるでしょう。「最初は、え？　と思ったけど、時間をかけて考えてみたらそうだった」というような。

これは、見返りの話とは少し違います。見返りとはギブ・アンド・テイク。これだけの力を貸したのだから、当然お礼を返して私をよい気持ちにさせてね、というのが「見返り」です。

ただ、ご相談者の場合には、気遣いが伝わっていてほしい、ということです。そうであれば、自分の助言が受け入れられるというよりも「ありがとう」と言ってほしいということですね。

## ただ与えることを嬉しく思って その結果を手放すことが難しい

ただ、相手はそれなりに困った状況に置かれていて、余裕がないことも事実でしょう。時間をかければ咀嚼できる助言であっても、その場で「ありがとう！」と言えるのは、困った相手を救い出す、事務的な情報提供くらいなのではないでしょうか（それでも、相手の落ち込み具合によっては、事務的な情報提供ですらわずらわしく感じるものです）。

人が困っているときにできること。よほどシンプルな問題でない限りは、とにかく「私はあなたの味方だから、いつでも相談してね」という程度が限度なのではないでしょうか。それで気遣いは伝わるはずです。

相手には相手の心のプロセスがあり、その中で、他人の助言を求めたくなったり、自力で解決したいと思ったりするのです。何かのアクシデントの直後では、そのどちらにも進まず、ただ固まってしまうだけ、ということもあります。

お友達の、「見返りを求めるのだったら、やらなければいい」というコメントも、案外奥深いものです。人の役に立つというのは、「見返りを求めない」ことが鍵だからです。

人間には、「与えるモード」と「受け取るモード」があります。「与えるモード」というのは、ただ与えることが嬉しく、その結果を手放す姿勢です。「受け取るモード」は、仮に行動としては相手に与えていても、「ちゃんとお礼を返してね」という姿勢です。

人は、どれだけ「与えるモード」で生きていけるかに、幸せがかかっているとも言えます。すかっと何かを与えて、あとは考えない。一方、何かを与えて、「いつ、私はお礼を受け取れるだろうか」ということを気にしているようでは、全く違うことになりますね。

ぜひ、結果を手放した「与えるモード」で生きたいものです。

## ♥ 相手には相手の心のプロセスがある

## 先生への質問

# よい子を演じる違和感に悩んでいます

40代会社員。母ががんで入院しました。大事に至りませんでしたが、毎日見舞いに来てほしいと頼まれました。しつけに厳しい母のことはずっと苦手にしていて、最近は記念日に会うくらいでした。母もうすうす私の気持ちを察しているようでしたが、病気を機に態度が変わりました。同じ病室の患者さんに「仲のよい親子」の姿をアピールしたいだけなのかもしれません。私は我慢してまた「よい子」を演じていればいいのでしょうか。病気のことは心配なのですが。

# 親のためにできることを やらなければと思う半面……

仲がよくてうらやましいわー
そーなんですよ
いいのお
毎日見舞いに来なさいよ
私だって忙しいのに……
まわりにいい顔したいだけじゃ……

「女」のホンネ

気持ちを察して距離をとってきたけれど、
今はすがりつきたい気分。

## 最近は記念日に会うくらいだったけれど娘には毎日見舞いに来てほしい

今回のがんは大事に至らなかったとのことですが、年齢を考えれば、これからのお母さんの健康問題についてはきちんと考えておいた方がよいと思います。加齢と健康問題は相互に関連し合いますし、長い目で見れば「今よりよくはならない」「生きている限り終わりがない」性質のものです。また、現在の問題が一時的なものなのか、あるいは思わぬ形で長期化していくのかの見通しを立てることが極めて困難、というのも特徴の一つです。そこに「子どもなのだから親のためにできるだけのことをやらなければ」という思いが加わると、介護うつすら招きかねない状況を作り出すこともあります。

病気のこと、つまりお母さんの健康問題が心配なのであればなおのこと、自分の関わり方がご自身にとって「持続可能」なものなのか、という視点は常に大切です。どこかで燃え尽きてしまうのは、どちらにとっても不幸なことだからです。

我慢して「よい子」を演じる、というのは持続可能には思えません。我慢している自分の方がまいってしまうでしょう。年老いていく親の健康問題に関わる際に、「もう少し頑張ればできるのではないか」という気持ちにはどうしてもなりがちですが、「これならギリギリできる」と思うところよりも、さらに一段下げて自分の役割を考えた方がよいと思います。

## 病気のショックから
## 不安が高まってしまい娘を頼りたい

しつけに厳しい、ということからは、子どもの気持ちよりも他人の目を気にする、という傾向がお母さんにはあるのでしょう。そのことと今回の「同じ病室の患者さんにアピールしたいだけなのかもしれない」という感じ方は関連していると思われます。そういう要素も確かにあるでしょう。しかし、認識しておきたいのは、がんで入院することになった、というのは、お母さんにとってもショックだったはずだということです。

人間はショックを受けると不安が高まりますので、それまではうすうす気持ちを察して距離をとってきたお子さんにもすがりつく姿勢になってしまうのでしょう。決意してそうやっている、というよりも、ショックで不安になり、とりあえずそういう態度になっている、と見ることが重要です。

## 「親孝行な子がよい」という
## プレッシャーを与える

そういう「とりあえず」の態度に全面的に合わせてしまうと、結果として振り回されて自分の側がまいってしまいます。「毎日見舞いに行く」ことは、危篤でもない限りは、仕事を持つ人にとって現実的とは思えません。

「同じ病室の患者さん」の存在も気になります。どうしても「親孝行な子がよい」という価値観がプレッシャーになることはあります。ただ、親子の関係は本当にそれぞれなので、それぞれに合った距離感があってよいのです。そういう複雑なことを知らずに生きてきた人は、「親子なのだから、もっとやってあげたら？」という目で見てくるかもしれません。そんなときにも、「親子の関係はそれぞれであって、それは当事者にしかわからない」という気持ちを強く持つようにしましょう。表面的には、「本当はもっと来たいのですが」「仕事が忙しくて」などと、相手をびっくりさせない言い方の方が安全だとは思います。

時間的にも精神的にも自分にとって持続可能な線を引くこと、そしてそれが自分にできるベストなのだと認めることがとても大切です。

## 「持続可能」なものなのか、という視点が常に大切

# 第3章

# 決めつけ

Judgment

## 本章で取り上げる「女」のホンネ

部下から自分と違う意見を聞かされると
「人格を否定された」と感じてしまう。
無条件に愛してくれる娘を束縛することで、
自分の「女」を満たそうとしている。
継承してきた婦人会のやり方に敬意を払ってほしい。
「あの人はベテラン」「お高く留まっている」
年上の後輩はやりにくいなぁ。
「ここできちんと謝らせないと
相手が増長するのではないか」と心配でたまらない。
自分に自信がなくて、正規雇用であることだけが自慢。
相手をポジティブに評価すれば、
受け入れてもらえると信じている。
母としての「成功体験」と違うやり方を
娘がすることに不安を感じる。

## 先生への質問

# 職場の女性とうまくつきあう方法を教えてください

私が住む地方では女性就業率や共働き率が高く、結婚しても働き続ける女性が多い土地柄です。働く女性が多いということは、職場での人間関係に悩む女性も多いはずです。一般に、男性より女性の上司の方が苦手という声や女性の部下は扱いにくいという意見はよく聞かれます。女性の上司や部下との関わり方、世代が異なる女性社員との上手なつきあい方について教えてください。

# 上司と違う意見が<br>あったとしても言えない

今度の案件は○○の方法がベストだと思うの
あなたも同じよね？
あ…はい…
ほんとは違うけど言えないー!!
PC

「女」のホンネ

部下から自分と違う意見を聞かされると「人格を否定された」と感じてしまう。

## 人それぞれ意見が違って当たり前という健全な考え方ができない

女性の上司や部下が苦手、というのは、往々にして「女」の特徴である、（1）「自分と違う意見を持つ人は、自分を否定している」という感じ方（つまり、人それぞれ意見が違って当たり前という健全な考え方ができない）、（2）改善すべき点などを率直に伝えてこない分かりにくさ（相手の顔色を読みながら、曖昧な伝え方をしてくる、あるいは伝えてこない）、（3）「あなたのことは誰よりも私がよく分かっている」という「お母さん病」――の三つによることが多いと思います。「お母さん病」というのは、本来立ち入れないはずの相手の領域に踏み込み、「あなたにはこれが一番だから」と決めつけるような態度のことを言います。

## 自分という「存在」が評価されているかどうかが気になる

上司が女性である場合には、上司と違う意見を述べることが、「上司の人格を否定している」ととられるリスクがあるということをわかっておきましょう。まずは上司がなぜそう考えるのかをよく聴き、「なるほど。そういうことならこういうやり方が効果的ではないでしょうか」という風に、上司の考えを肯定した上で、その有効な方法を提案する、という形をとるのがよいと思います。真正面から上司の意見を否定してしまうと、上司は人格否定されたような感覚を持つ可能性があります。

部下が女性の場合、「自分は評価されるだけの（選ばれるだけの）仕事をしているか」ということがとても気になっていることが多いので、「よくやってくれていて感謝している」ということを伝えてあげるのがよいでしょう。男性の場合、「この仕事がよくできた」と言われることが達成感をもたらして嬉しいのですが、「女」は、「やっぱりあなたがいてくれないとここは回らない」というような褒め言葉の方が効くことが多いです。自分という「存在」が評価されているかどうかが気になるからです。

## 相手に嫌われることが<br>とても苦手

曖昧な指示をされることも多いと思います。「女」は相手に嫌われることがとても苦手で、職務上必要なことであっても「言いにくい」という場合が多いからです。そういう傾向に気づいたら、「頑張りたいので、言いにくいことでも言ってください」と、上司を励ます必要があるでしょう。

「お母さん病」も、重症だとかなり困ったことになります。「あなたはこれが苦手だから」などと勝手に決めつけられて可能性を狭められるのは困ったことです。そうは言っても、「女」は否定されることが苦手なので、「確かにそうです。でも少しずつ、頑張っていきたいのです」などと言って、上司の言い分を肯定しつつ、自分の可能性を広げていくのがよいでしょう。

## 働くということは、私生活を犠牲にすることだと思っている

世代が異なる女性の場合、価値観がかなり違ってくると思います。古い世代の女性にとって、働くということは、私生活を犠牲にするということ。結婚や出産を諦めた人もたくさんいると思います。若

い世代の女性にとっては、結婚や出産も当たり前。彼女たちが当然の権利と思っているものは、実は、先輩女性達の苦労や努力の結果勝ち取られたものなのです。この点に気づいていれば、厳しめの女性上司を見ても、「ああ、当時は仕事のために私生活を犠牲にしなければならなかったんだな。そのおかげで、自分は今、仕事も私生活も満喫できるのだな」と思えば、その厳しさに耐えられるでしょう。逆に、若い後輩女性達を見て「私たちの頃はあんなに恵まれていなかった」と思っても、それは自分たちが道を切り開いてあげたからだ、という大きな視野で見れば、いちいち頭にこないで済むと思います。

## ♥ 上司の言い分を肯定しつつ、自分の可能性を広げていく

## 先生への質問

# 「母子依存」に悩んでいます

親友のような母娘を見かけることがあります。食事や買い物、旅行が一緒なのは言うに及ばず、母は娘の恋愛や結婚にも口出しし、結婚後も何かと束縛してくるようです。母の呪縛《じゅばく》から逃れられないと悩む女性もいると聞きます。いずれも父と息子ではあまり見られない関係のように感じます。なぜこうした関係に陥ってしまうのでしょうか。そうした女性たちに共通する特徴はあるのでしょうか。母依存、娘依存から逃れるにはどうすればいいのでしょうか。

# お母さん、それは
# あなたの決めつけです

アナタの彼、アナタには合わないわ！
もっと良い人お母さんが紹介してあげる
母
アナタは○○がいいわ！
そんな人とつき合ってたらダメだわ
アナタには～が合ってる

# 「女」のホンネ

無条件に愛してくれる娘を束縛することで、
自分の「女」を満たそうとしている。

## 「あなたのことは私が一番よくわかっている」と決めつける

「いわゆる『女の嫌な部分』」である「女」には、「お母さん病」とも呼べる特徴があります。それは、「あなたのことは私が一番よくわかっている」というような姿勢です。

本来、人にはそれぞれ、その人にしかわからない「領域」があります。その人の内面を含む事情は、本人にしかわからないのです。

大人同士の人間関係は、お互いの「領域」を尊重し合うことでうまくいきます。「本人がそうしたいと言っているのだから」「きっと何か事情があるのだろうから」などという配慮をすることで、私たちは何かを押しつけたり決めつけたりしないで関わり合うことができるのです。

子どもが赤ちゃんのときは、その「領域」のことを読んでもらわなければ生きていけません。何がほしくて泣いているのか、ということを親が忖度しながら育てる必要があるのです。

そういう意味で、「あなたのことは私が一番よくわかっている」というのは、赤ちゃんを相手にするときには役に立つ姿勢です。

## 自分のことを無条件に愛してくれる娘が何ものにも代え難い

しかし、子どもは成長していきます。親の知らない体験をし、その子独自の感じ方、考え方をしていくようになります。親の価値観で生きていくことに違和感が生じてくると、「反抗期」がやってきます。そして、自らの価値観、自らの人間関係を作り上げ、親とその価値観もその中に位置づけ直すことができると、「大人」になる、と言えます。

「自分には自分の領域がある」「親には親の領域がある」と認めることが「親離れ」、「娘には娘の領域がある」と認めることが「子離れ」だと言えるでしょう。つまり、子どもが成長していくということは、「あなたのことは私が一番よくわかっている」ではなくなっていく、ということなのです。

このプロセスは寂しいものですから、「女」の弱点を刺激してしまいます。そもそも、「女」の親にとって、「女」である娘ほど安心できる存在はいないと言うこともできます。「自分は選ばれるか」ということを常に気にしている「女」にとって、そんな自分のことを無条件に愛してくれる娘は、何ものにも代え難い存在なのです。ですから、「娘と仲よくできている」ということは、母の「女」を満たしてくれます。

## 娘の自主性を尊重するのが苦手

単に「娘と仲よくできている」ということであれば、もちろん何の問題もありません。ただし、そこに「口出し」「束縛」などが出てくるのは、「お母さん病」の弊害に他なりません。本来は娘の「領域」に属することなのに、「あなたのことは私が一番よくわかっている」とばかりに口出ししたり束縛したりするのです。もともと、「女」度の高い母親、つまり、娘の自主性を尊重するのが苦手な親はそうなりやすいでしょう。「子離れ」しないと娘を不幸にしてしまう、という自覚が必要です。

一方、娘の側から見れば、その「女」度が高いほど、反抗期を迎えるのは難しくなるかもしれません。「女」は関係性を大切にするので、「嫌われたくない」という気持ちも強く、人に反抗するのも難しいからです。あるいは、娘の方にも「お母さん病」があって、「ここで私が反抗するとお母さんが不幸になる」と決め込んでいる人もいます。それは決して「不幸」ではなく前向きな関係性成長のために必要なことなのだ、という自覚を持つ必要がありますね。

## ♥ お互いの「領域」を尊重し合うことでうまくいく

## 先生への質問

# 婦人会の会長が重荷です

40代の専業主婦です。「婦人会」という町内の女性グループの会長になってしまいました。婦人会も高齢化が進み、会にいるのは私より年上の気の強い女性ばかり。会長を辞めるには、他に引き受けてくれる女性を探すしかありませんが、私よりも年下で、旧態依然とした婦人会に入ろうとする人はほとんどいません。これから納涼祭や町内清掃など地域行事のたびに駆り出されることになり、憂鬱《ゆううつ》です。年下の女性たちをうまく活動に引き込むにはどうすればいいでしょうか。

# 押しつけられた会長職。下の世代にも引き継げず重い

次の会長は
あなたに決定ね
若いし
ピッタリよ
重荷だわ…
これから
よろしくね！
○○さん 正正下
△△さん 一
会長

「女」のホンネ

継承してきた婦人会のやり方に
敬意を払ってほしい。

## 態勢の変化について行けず 拒否反応を起こしてしまう

お立場、ご苦労さまです、お察しします。

おっしゃるとおり、今のままでは、他に引き受けてくれる女性を探すのは至難の業でしょう。

しかし、せっかくご自身が婦人会の会長になられたのですから、態勢を変えるチャンス、とも言えますね。会長職は、押しつけられたものであっても、それなりの権限を持つものです。

さらに言えば、これを「態勢を変えるチャンス」ととらえなければ、ただの重荷を押しつけられ、下の世代に引き継ぐこともできないまま、最悪の場合は延々と重荷を背負っていかなければならなくなるかもしれません。

そうは言ってもラジカルな変化には、旧態依然とした人たちが「自分たちのやり方を否定された！」と思って感情的な反応をするでしょう。あまり安全な策とも思えません。

## 「自分たちのやり方で継承していけばよい」という主張が譲れない

一つの提案は、全体を変えずに、「若い女性の部」みたいなものを作って、自由に企画をしてもらう、ということです。「若い世代の女性の声も受け止められる婦人会に」という名目をたてれば、反対できる人はいないでしょう。旧態依然とした婦人会に入るのは嫌でも、自分たちが暮らす地域を安全で楽しいものにするために少々の活動をしてもよい、という人はいるはずです。

旧態依然とした人たちは、「自分たちのやり方で継承していけばよい」と主張するかもしれません。その際には、現に婦人会への入会率が減っていることなどを挙げ、「最近の若い人たちは新人類だから、私もどうかと思うけれども、現実的なことを考えれば、先輩たちが頑張って守ってきた婦人会を守るためにも、若手の部を作った方がよいと思う」と言ってみれば、先輩への敬意も表されるし、婦人会を大切に思う気持ちも伝わるのではないでしょうか。

「若手の部」を作る際には、本音で「今までの旧態依然とした婦人会では、未来がない。でも、地域で女性が協力し合う場は必要だと思う」ということを若い人たちに伝えて、「何か衝突があるようなら、私がちゃんと間に入りますから」と言えばよいと思います。

そして、旧態依然とした人と話すときには、「若い人は若い人なので、先輩たちが築いてきた文化を理解し切れていないのでしょうね。それは私がこれから少しずつ話していくようにしますから」と、どっち付かずの「コウモリ」みたいな役割を果たすことが必要になると思います。

コウモリは、自分の利益だけを考える際には「人間としてどうか」ということになるでしょうが、「自分は文化の違う二つの世代をつないでいるのだ」と堂々と考えられたらよいのではないでしょうか。

## 頑張っている人がいると、協力したくなってくる

なお、性格として「リーダーシップが取れない」「自分から声をかけにくい」というタイプの人にはさらにハードルが高い役割になると思います。ただ、これは個人的な問題というよりも、仕事のようなもの。内気な人でも仕事となれば最低限は頑張るのと同じような意識で、まずは義務感から始めてみたらどうでしょうか。営業職

となれば、内気な人でも頑張って声をかけていきますよね。まずは「仕事」と割り切って、その職責を果たすことだけに専念してみませんか。

世代間ギャップがある中でも、そうやって頑張っている人がいると、だんだんと周りも協力的になってきます。頑張っている人を見ると、「自分も何かしなければ」という気持ちになる人は多いからです。そのうちに、信頼関係が築ける人ができてきて、苦手な領域を任せられるようになるのではないかと思います。

## ♥「仕事」と割り切って、その職責を果たすことだけに専念する

## 先生への質問

# 年上の後輩になってしまい、なじめません

総合病院で働く39歳の看護師です。別の総合病院から転職してきました。自分としては今の病院では「新人」のつもりなので、仕事のやり方などをいろいろ教わりたいのですが、看護師としては「ベテラン」だと思われているせいか、周りの人はあまり教えてくれません。自分からも質問しにくい雰囲気を感じてしまいます。「年上の後輩」というのはつきあいにくいものなのでしょうか。どうやったら職場の人たちともっと打ち解けられるでしょうか。

# 転職した職場で新しいことも勉強してなじみたいのに……

これってどうやるんだろ…
聞ける雰囲気でもないし…
あの人新人だけど10歳も上だし分かるよね！ベテランだし…
パタ
パタ

## 「女」のホンネ

「あの人はベテラン」「お高く留まっている」

年上の後輩はやりにくいなぁ。

## 自分たちの非を指摘されるかもしれない、というリスクを感じている

何ともぎくしゃくした感じで、まだまだ職場を「マイホーム」と感じられていないご様子ですね。

まずは、ベテラン看護師さんを迎え入れた側の人たちのことを考えてみましょう。看護の世界も基本的には上下関係ですから、ベテランというだけで、自分たちの非を指摘されるかもしれない、というリスクを感じている人がいるかもしれません。その職場では当たり前のこととして「なあなあ」で流されていることについても、異議を申し立ててくるかもしれないのが新しく赴任した「ベテラン看護師」なのだと思っているかもしれません。自分には全くそんなつもりがなくても、そんなふうに見える可能性があるのが「ベテラン

看護師」なのです。

しかし、ご相談いただいているご様子からは、もちろんそんな人ではない、ということが分かります。新たな職場で、新しいことも勉強して、なじんでいきたい、というお気持ちが伝わってきます。

## お高く留まっていると思い込んで相手の気持ちを察することができない

もしも職場を仕切っている看護師さんがいるのであれば、その人に直接相談してもよいでしょう。「年上の後輩って、使いにくいと思うのですが、私はここでは本当に新人なので、なんでも教えてほしいんです」と頼んでみてよいと思います。

そのようなキーパーソンがいないのであれば、やはり積極的に相談した方がよいと思います。相手は自分よりも人生経験が短い人たちなのですから、その人たちに「大人っぽい対応」を求めるのは無理かもしれません。質問してみて、「わー助かった」「いつもこんなことしているんですか。すごい！　見習います」など、実際に相手が「先輩」であるという空気を伝えていけばよいと思います。

休憩時間などに、だんだんと、お友達もできると思います。「私、なんだか年を取っているっていうだけで仕事ができるように見えるらしくて、悩んでいるんだ」と伝えてみてもよいでしょう。「あの人はベテランだ」と思い込んでいる間には、相手にそんないたいけな気持ちがあるとはなかなか察することができないからです。

変化球としては、困っている同僚（年下の先輩？）をそれとなく助けてあげて、関係性を作るのもよいと思います。「ベテランだからとお高く留まっていると思ったら、全然違った。すごく優しい人だった」ということになるからです。

## 自分より人生経験の長い転職者にあれこれ教えるのはおこがましいと感じている

ここまで考えてくると、ご相談にある、「自分からも質問しにくい雰囲気を感じてしまいます」のあたりがポイントかな、という気がしてきます。相手は自分より人生経験が短いのですから、「自分よりもベテランの人に教えるなんて、おこがましい」と思っている可能性が高いのです。そういうときに、「教えてくれるのは、あなたの側よ」と道筋をつけてあげることも、年長者の役割ではないでしょうか。

もちろん、通常の「なじみ方」である、飲み会やカラオケに行って、「え!? ○○さんってこんなかわいいところがあったんだー」と意外な喜びを与えることで、生の人間関係ができて、本当に「全体の一部」になることができるかもしれません。カラオケがうまくない人でも、職場の行事を大切にしている、というだけでかなり好印象のはずです。「ベテラン」というだけで、「どうせ私たちのことなんて、どうでもいいと思っているんでしょ」という気持ちを招く可能性もあるからです。

## ♥ 相手の方が「先輩」であるという空気を伝えていけばよい

# 娘の同級生のママへの対応に困っています

30代の会社員です。娘の同級生のママへの対応に困っています。ちょっとした子ども同士のトラブルでも学校に言いつけ、問題にします。周りに聞くと、他の同級生たちもそのママへの対応に苦労しているようです。高齢になってできた子どもで「子どもかわいさ」に、周りが見えていないように思います。今後、余計なトラブルを防ぐには、どうつきあえばよいでしょうか。

# 「子ども同士なんだから」と流せないママもいる

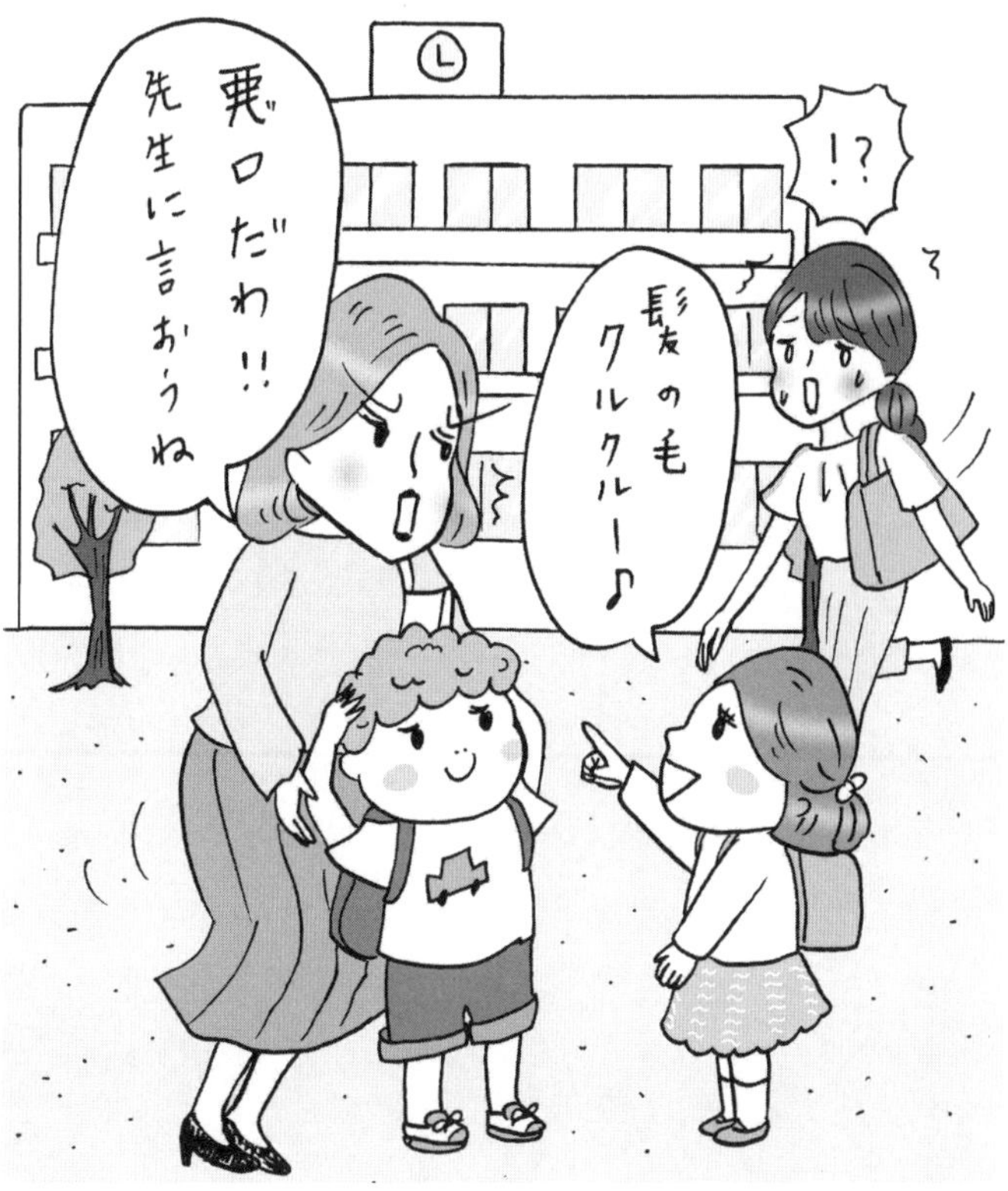
悪口だわ!!
先生に言おうね
髪の毛
クルクルー♪
!?

「女」のホンネ

「ここできちんと謝らせないと相手が増長するのではないか」と心配でたまらない。

## 子どもが心配で騒ぎを起こしてしまう

大変ですね。

トラブルを「その母親が騒ぎを起こす」ことと考えると、残念ながらトラブルを防ぐことはできないと思います。高齢になってできた子どもであると同時に、初めての子育てなので、不安が募るのでしょう。もっと「子ども慣れ」した人が見れば「子ども同士なんだから、この程度は当然」と流すようなことであっても、「ここできちんと謝らせないと相手がさらに増長するのではないか」「うちの子が軽く見られるのではないか」などという不安の目で見てしまい、騒ぎを起こしてしまうのでしょう。これはその母親の不安の問題であり、周りからどうこうできるものではありません。

ただ、トラブルを、「その母親との間で騒ぎが起こる」と考えれば、それは防いでいくことができます。つまり、「どうして一方的に悪者にされるの？」「しょせん子ども同士がふざけてやったことなのに」などという気持ちがあると、どうしても争いごとのような感覚になってしまうのです。しかし、これは避けられるトラブルです。

どうやって避けるか、と言うと、「まあ、高齢で初めての子育てだから、緊張して育てているんだろうな。本当は楽しいはずの子育てなのに、肩ひじ張ってかわいそうに」くらいの気持ちで見てみると「面倒な人」というよりも「気の毒な人」なのです。

## 周囲を困惑させるほど強い不安を抱えている

謝罪を求められたら、余裕で「ごめんなさい」と頭を下げましょう。この「ごめんなさい」は、自分（と子ども）が悪いからする謝罪ではありません。私はこういう「ごめんなさい」を、「お見舞いの『ごめんなさい』」と呼んでいますが、子どもが悪かったから謝るのではなく、「あなた、子育て慣れていないみたいだけど、大丈夫？」くらいのニュアンスです。

さて、ここで大切なのは、自分の子どもに与える影響です。くれぐれも「もう、ママに恥をかかせないでよ！」と叱るのはやめてください。子どもは子どもの遊びの範囲で普通にふるまっていたにすぎないのです。

「○○ちゃんのお母さんは、ものすごく心配性なの。だからこの『ごめんなさい』は、おわびの『ごめんなさい』ではなくて、『心配ですよねー』というくらいの『ごめんなさい』だよ」と、子どもに、「お見舞い」としての「ごめんなさい」を伝えてあげてもよいでしょう。

「お見舞い」としての「ごめんなさい」は、自分が悪いと思っていなくても相手を脅《おびや》かしてしまった、という程度の状況で使える言葉。「不安が強いあなたをびっくりさせちゃってごめんなさいね」という程度の意味であって、「お宅のお子さんにうちの子が不適切なことをしてごめんなさい」とは全く違います。「自分が悪いわけではないけれども、自分よりも狭量の人（不安が強い人）には、親切として『ごめんなさい』とお見舞いしてあげるのも一つの方法」と子どもに教える感じにすれば、子どもの自己肯定感はさらに高まるのではないでしょうか。

## 本当は楽しいはずの子育てなのに肩ひじを張ってしまう

「人よりも心配が大きい人には、普通の人よりも優しくしてあげないとだめなんだよ」というような人間観を教えてあげれば、寛大な子に育つでしょう。なお、「高齢出産だから」ということはあえて子どもに伝えなくてよいと思います。子どももこれからの人生、「高齢出産」になることもあり得ます。そういうときに、それを「よくないこと」と感じかねないからです。そんな先のこと、と思われるかもしれませんが、子どもの頃に心に刻まれた印象は、案外ずっと残るものですよね。

## ♥ 謝罪を求められたら、余裕で「ごめんなさい」と頭を下げて

## 先生への質問

# 上司の自慢話にうんざりしています

40歳の派遣社員です。派遣先の上司（48歳女性）のことで相談です。基本的に悪い人ではないのですが、自分の話ばかりします。会話の際も必ずと言って良いほど「私は……」と話題を自分のことへ持っていきます。内容は大半が自慢話です。また自分と異なる生き方には否定的で、そのような人を批判しさげすむ発言をします。私などは格好の標的で、何かにつけ非正規の雇用形態や担当の職務（単純労務作業）についてバカにされうんざりしています。この上司への対処方法を教えてください。

# 物事をとても少ない情報で決めつけてしまう上司

伝票整理ばっかりでお金もらえてうらやましいわさすが派遣
私!!
私!!
でも私は嫌だわ、そんな働き方、私はね、〜〜〜
また自分の話…
ズー…
私はね〜
私なんかはね、
私!!
社員
派遣

「女」のホンネ

自分に自信がなくて、
正規雇用であることだけが自慢。

## 自分が知っていることだけで判断して、相手の立場を考えることができない

自分の話ばかり、特に自慢話ばかりした場合、人からどう思われるかに思いが至らないという点、物事をとても少ない情報で決めつける点、多様な生き方を認めない点、非正規雇用というだけでバカにする点、などを見てみると、この上司の方は、頭の中で処理できることの量が少ないのではないかと思います。

もちろん小さな子どもなどは自分が知っていることだけで判断しますので、結果としてこの上司と同じような行動をとるかもしれませんが、それはまだ小さくて知識が少ないから。狭い世界で生きられるのは、せいぜい20代前半まででしょう。人間、社会の中で30年も生きれば、自分も含めていろいろな人にそれぞれの事情があると

いうことに気付くものです。

48歳という年齢を考えると、それは、学力や仕事の能力とはまた違った脳の特徴があるのだと思います。マルチタスクができない脳、とでも言いましょうか。自慢はしたいけれども相手の自慢も聞いてあげなければ、とか、この人は非正規で単純労務作業ばかりをしているけれども、そこに至るにはそれぞれの事情があるのだろうし、バカにするなんてもってのほか、など、いろいろな立場を考えることができないのです。

## いろいろなことに注意を向け、人に配慮をしながら話すことができない

私はそのような人のことを「注意の部屋に一つしか入らない人」と言っています。いろいろなことに注意を向け、いろいろな人に配

慮をしながら話すのが成熟した大人と言えます。しかし、何歳になっても「注意の部屋」に一つしか入らない、それ以外のことを思いやるだけのスペースがない人がいるのです。

基本的にはマルチタスクができる人の方が人間として生きやすいものです。いろいろなことを思いやることができ、人に安心感を与えます。ただ、マルチタスクができないのは生来のこと。本人に責任を負わせるのは厳しすぎるでしょう。「マルチタスクができないよね。だからこうしていこうね」と指導してあげた方がよいでしょう。

## 自分に自信がないので、非正規労働の人をバカにするなどして、バランスをとる

このケースの場合、相手は上司ですから、「マルチタスクができ

なくて、この人なりに嫌われたり苦労したりがあるんだろうな。お気の毒に」でよいと思います。

もう一つの考え方もあります。それは、この上司に自信がない場合。自信がある人は、謙虚ですし、多少ひがんだことを言われても、「そうですね」と相手に話を合わせることができます。だって、自分の方が自信もあって幸せなのだから、そう思えない人のことを「気の毒に」と思えるのです。

そういう意味では、非正規労働者をバカにするなど、とんでもないことです。いかに、彼女に自信がないかがわかります。正規雇用であること「だけ」が、彼女の自慢なのでしょう。

## 少ない情報で決めつけて自分のストレスをただぶつける

彼女の目的は何なのでしょうか。他人に対して嫌な態度をとる人は、目的がある場合と、自分のストレスをただぶつける場合があります。非正規雇用の部下、となれば、ストレスをぶつけるのには格好の的なのでしょう。

「悪い人ではない」ということは、嫌われてはいないということですから、適度な距離を保ち、もし何か言われたら、「ああ、また少ない情報で決めている（処理している情報の量が少ない）」という目で見たらどうでしょうか。一つの論点しか頭に入っていない人の場合、反論したりすると、すごい勢いで反撃してくることもありますので、面倒なことになると思います。

## ♥ もし何か言われたら、「お気の毒に」と思えばいい

## 先生への質問

# 後輩がやたら褒めてきて不快です

30代女性。職場の後輩のことで頭を悩ませています。20代後半の彼女はスタイルがよく、美人の部類に入る方です。ただ、仕事のミスも多く、あまりうるさがられないようタイミングを見て指導しています。その彼女がやたら私のことを褒めるのです。「きれいですね」「仕事ができますね」「ほっそりしていてうらやましい」と。自分ではそう思っていないので、うれしくありません。年下の彼女に評価されること自体ちょっと不快です。どう反応すればよいのでしょうか。素直に受け止められない私は心が狭いのでしょうか。ただ、彼女が褒めるのは、私だけというわけではないようです。

# 相手にポジティブな評価を下して関わろうとする

先輩、肌がキレイですね〜
髪もキレー シャンプー何使ってるんですか〜？
仕事ができますね！
自分の方が若くてスタイルいいのに…
そーっ？？
細いし
あこがれます〜
〇〇さんの方がキレイだぞ

「女」のホンネ

相手をポジティブに評価すれば、
受け入れてもらえると信じている。

## 打算的に謙虚にふるまっているわけではない

この後輩のように、「自分はだめ」「あなたはすごい」という関係性の中でしか人と関われない、というケースは案外少なくありません。これは「おだててうまくやる」のとは違い、打算的に謙虚にふるまっているわけでもないのです。相手にポジティブな評価を下す、という形でしか人と関わることができない、というタイプなのです。

## 人から無条件に受け入れられた経験がない

なぜそういう人になってしまうのかと言うと、おそらく、自己肯定感が低い（自信がない）ため、ありのままの自分を出して人と関わった体験がないのでしょう。だめなところも含めて自分をさらけ出して無条件に受け入れてもらった、という体験がないと、人はどうしても「〇〇できる人はすごい」「××な人はすごい」と、その人が持っている条件に評価を下す、という形の関わり方しか知らなくなってしまうのです。「この人はすごい」「自分はだめ」など、評価を下す以外の人間観を持っていないという人を、私は案外たくさん見てきました。実際には、人それぞれの事情や人生があって、「まあいろいろなことがあるよね」なのですが、無条件に受け入れられたことがなく、評価されるという形でしか人と関わってこなかった人は、他人に対しても同様な関わり方をするようになります。

## 評価を下すという形でしか人と関われない

この後輩の方からは打算を感じませんし、他の人ともそんなふうに関わっているようですから、「そういう関わり方しか知らない人」なのだと思います。そう考えると、気の毒にすらなります。

同時に、後輩から評価を下されることに不快を覚えるのも、とても自然な反応だと思います。なぜかと言うと、「評価を下す」というのは、あくまでもその人の主観的な評価を押し付けている、ということだからです。後輩の主観的評価を押し付けられたら、不愉快になって当然ですね。特に自分がどうでもよいと思っている点や、そうは思っていない点について言われると、「決めつけ」にすら感じられます。

ですから、自分の心が狭いなどと感じる必要はないと思いますし、素直に受け止められないのはむしろ当然だと思います。

さて、どう反応するか、ですが、評価の内容そのものに反応する必要はありません。「そんなことないよ」と言っても、評価し合う関係しか知らない相手は、「いいえ、本当にきれいです」と言い返してきて、話が面倒になるだけです。

とりあえず仕事の上だけのさっぱりした関係を目指したいのであれば、「きれいですね」と言われたら、「ああ、あなたにはそう見えるんだ」、「仕事ができますね」と言われても「ああ、あなたにはそう見えるんだ」と返していくだけで十分です。これは感情を乗せずにただ事実を伝えている、ということになります。「ああ、あなたはそういう主観的評価を下したのですね」というだけのことだからです。

## 助言を得ても、何を言われているかがわからないかもしれない

こんな人間関係しか持てない後輩を気の毒に感じ、もう少し何かしてあげたいと思ったら、褒められたときに、「あなたが優しい気持ちで言ってくれるのはわかるのよ。でも、自分のことについては自分なりにいろいろな思いがあって、あまり踏み込まれたくないな、という気持ちもあるの。ここは職場なんだから、私のことではなく、仕事のことについてだけ、話すようにしてくれる？」と言ってみてもよいと思います。相手は何を言われているかがわからないかもしれませんし、否定されたように感じるかもしれませんが、それが頭に残っていれば、どこかのタイミングで自己成長の機会を得るかもしれません。

## ♥「ああ、あなたにはそう見えるんだ」と返せば十分

## 先生への質問

# 夫婦の家事分担について、母から文句を言われます

夫婦の家事負担で母と意見が合いません。両親は共働きでしたが、食事の用意を含め家事の大半は母が担っていました。私は家事負担を平等にするべきだと思っており、実際にそうしていますが、母からは「妻としてどうなの？」と文句を言われます。母の考えを全面的に否定できない自分もおり、後ろめたさを感じます。私の中にある新しい価値観と古い価値観の折り合いをどうつければいいのでしょうか。

# 母に指摘されると自分のやり方に不安が募る

平日は仕事忙しいし、完全に家事分担してるの
アナタそれ、妻としてどうなの??
お母さんは仕事もしてたけど全部やってたわよ!!
食事
そうじ
洗濯
犬のせわ
しゅん
しっかりしなさいよ

「女」のホンネ

母としての「成功体験」と違うやり方を
娘がすることに不安を感じる。

## 共働きでも家事は基本的に妻がするのが当たり前だという価値観

社会を変えるのは、まさにこういうところからなのでしょうね。

男女平等の実現を阻むのは、個人の中にある古い価値観へのとらわれも大きいと思います。特に、自分が育てられた環境や方針を、「よく育ててもらった」と思っている人ほど、無意識のうちに肯定しており、違うやり方をとることに不安があるものです。結婚、出産などを機に、自分の中に意外と保守的な面があることに気づく人もいるでしょう。

お母さんの世代では、共働きでも家事は基本的に妻がする、というのがある意味当たり前だったと思います。そんな中で家庭を守りつつ育てたお嬢さんがこうしてしっかりとした社会人になっているのですから、お母さんは妻として、母として、「成功体験」をしているといえます。

今は情報化社会とは言え、結婚など個人的なことについては、多くの人が自分の経験をもとに考えるものです。特に「成功体験」は、よい道しるべになるでしょう。

自分の経験がないところには、どうしても不安が出てきます。不安というのは、安全が確保されていないときの感情ですから、未経験のことには不安になって当然です。ですから、「妻としてどうなの？」と文句を言う（不安を訴える）お母さんの気持ちも理解できます。自分は本当に平等な家事分担などしたことがないので不安なのです。

そして、いまだ成功体験のないご本人が、それを「全面的に否定できない」のも当然です。

## 平等な家事分担は経験がないので、安全が確保されていないように思える

　時代が進歩し、男女がより平等になるためには、こうした不安や「後ろめたさ」を乗り越えていく必要があります。それぞれが自分の中の古い価値観に対して、自分の考えをもとに折り合いをつけていくのです。

　そもそも、夫婦そろって同じように働いているのに、妻だけが家事を担うというのは変な話です。また、いつまでも家事は女性中心であることが、社会のさまざまな歪《ひず》みとなって表れていることも、事実です。お母さんとの関係性の中では「後ろめたい」と感じるかもしれませんが、例えば自分の娘にも同じようなことを求めて悩ませるだろうか、後世まで引き継いでいきたい価値観なのだろうか、

と考えてみると、お母さんはただ自分の不安を押し付けてきているだけ、ということが理解できると思います。

また、今誰よりも大切な存在は、夫でしょう。二人で話し合って今の生活があるのですから、それに後ろめたさを感じるのは二人の関係性を否定するようなことにもなってしまいます。お母さんが今のパートナーなのではなく、夫がパートナーなのです。「夫もこのやり方を支持している」ということはきちんと頭に置いておきたいものです。

夫は、新しい時代を作るための大切なパートナー。これからも大切にして、力を合わせていきたいですね。

何にせよ、後ろめたさを感じながら暮らすと、仕事に集中できなくなったりもしますし、全体に元気がなくなるものです。ただでさえ家事を分担しながらの仕事は大変なことです。限られたエネルギーと時間を何に使うか、夫婦でよく相談して、信頼関係の中、質のよい生活を送っていただきたいです。

## ♥ 未経験のことには不安になって当然

# 第4章

# 群れ

Grouping

## 本章で取り上げる「女」のホンネ

自分が否定されることが怖いので、
「裏切り者」がいないことを確認しておきたい。
「同期とよい関係を持っておきたい」という
気持ちが強い。
自分の存在そのものを評価してほしい。
他の女より下になりたくない。
友人と距離ができたことが不安。
関係を良好に維持したくて無理をしてしまう。
立場の違う人がいても
なじんでいる同士で群れてしまう。
「形のつながり」を維持するために
自分は憂鬱でも機嫌がよさそうにふるまってしまう。

## 先生への質問

# 「ママ友」とのおつきあいに、嫌悪感や違和感を抱きます

「ママ友」という言葉はもはや定着しています。「ママ友」内のヒエラルキーや「○○ちゃんのママ」と呼ばれることに嫌悪感や違和感を抱きながらも、自分や子どもが仲間外れにされては困ると、しぶしぶランチやお茶会につきあう女性もいます。「ママ友」とはそもそもどんな存在なのでしょうか。うまくつきあうためには、どうすればいいのでしょうか？

# 「よい関係を維持しなければ」と思うと断れない

今度のバザー、ユキちゃんママ、器用だし、出し物お願い♥
あ…うん
断りたいけど子供が仲間外れにされたらイヤだし〜
ユキちゃんママなら安心だね♥

「女」のホンネ

自分が否定されることが怖いので、
「裏切り者」がいないことを
確認しておきたい。

## 「子どもの友達の母親」のことを自分自身の友達だと錯覚してしまう

「ママ友」という用語は、まるでそれが友達の一種であるかのような錯覚を与えますが、実は「ママ友」とは、「子どもの友達の母親」のこと。自分自身の友達ではないのです。自分自身の友達だと錯覚してしまうので、「好かれなければ」「よい関係を維持しなければ」というところに意識がいってしまいますし、うまくいかないときには自分が否定されたようにも感じてしまいがちです。

しかし、あくまでも「子どもの友達の母親」と考えてみれば、どうでしょうか。それは、社会的な仕事に似ていると私は思っています。営業の仕事などでは、相手と友達にならなくても、成果が得られればよいわけです。「自分は子どものマネージャー」と考えれば、子どもが生活していく上でのよい環境を与えてあげればよいだけで、「ママ友」に友達として好かれる必要は必ずしもありません。自分がどう思われるかよりも、子どもは無事に過ごせているか、ということだけ意識していけば十分でしょう。母親の力など借りなくても健康に集団生活を送っていく子どもは案外多いものです。

## ランチやお茶会を断ると、「敵」のレッテルを貼る

そうは言っても、「いわゆる女の嫌な部分」である「女」は厄介です。「ボスママ」になるタイプの人は、「女」度が高い人が多いのです。つまり、自分が否定されることを恐怖し、群れて、「裏切り者」がいないことを常に確認したがるのです。ランチやお茶会に興味がないからと断ると、「ボスママ」は、「自分が否定された」と感じ、「敵」

のレッテルを貼ってくる可能性もあります。そして、必要な情報を与えてくれなかったり、こちらについての陰口を広めたりする可能性もあります。

## 頼られると特別な扱いを受けていると感じられて嬉しい

「ボスママ」の配下にくだらなくても、個人的に気が合って、必要な情報を流してくれる人がいれば、その人と親しくしていくだけで十分だと思います。

「ママ友軍団」とうまくやっていくためには、全体を、「ボスママへの忠誠心」という角度ではなく「自分側の困った事情」として演出していくのがよいでしょう。ランチやお茶会を完全に避けるのであれば、「私はとにかく変わっているので、社交的な場が苦手なんです。でも子どものために必要なことがあったら、母親として知りたいんです。〇〇さんなら信頼できると思ってお願いするのですが、何かあったら教えていただけますか？」と、「ボスママ」に頼りながら実を取る、という方針もあるでしょう。自分に自信のない「ボスママ」は、「特別な存在」として扱われることが好きなのです。

## 惨めなにおいには安心するが、キャリアアップ的なにおいには嫉妬する

あるいは、時々は「ママ友」の集まりに参加するつもりがあるのなら、行かれない日の理由をうまく考えていく必要があります。その「理由」の原則は、「自分にとって惨めな理由にする」ということです。例えば、「気むずかしい義父母が訪ねてくる」「自分は本当に不器用で家事が遅いので、昨夜の夕食の片付けがまだ残っている」

「自治会のどぶさらいの担当」などです。一方、「英会話学校があるから」「エステの予約があるから」「ホームパーティの準備があるから」など、少しでも「キャリアアップ」的なにおいのある理由は、おそろしく危険です。

全体としては常識的に愛想よく、陰口などにはつきあわないようにして、「あの人はまともな人だ」という印象を与え、好意ある人に助けてもらいながらやっていくのが一番でしょう。そして、「ママ友」に気を遣うよりも、子どもが健康に育っていることを確認していくことの方が大切かもしれません。もちろん、とても相性のよい人など、「子どもの友達の母親」という立場を超えて、「自分の友達」として仲よくなれる場合もあります。

## ♥ボスママは、「特別な存在」として扱われることが好き

## 先生への質問

# 同期の女性社員を意識してしまいます

社会人1年目です。同期の女性社員たちとの距離感がうまくつかめず悩んでいます。大学時代まではゼミや部活動の同級生たちと普通につきあえたのに、会社員になってからは同期のメンバーに気軽に声を掛けたり、食事に誘ったりできなくなりました。いつも忙しくしているように見えるし、誘って断られるのも嫌なので、なかなか一声かける勇気がありません。話す機会もないので、共通の話題もありません。もちろん仲よくしたいという思いはあります。社会人という環境のせいでしょうか。私が変に意識し過ぎているのでしょうか。

# 職場の友達づきあいが、難しく感じられる

お茶誘ってみようかな・・・
あの・・・
でも忙しそうだし・・・
だめだー!!
距離感が
つかめないー!!
何立ってるの?
PC

「女」のホンネ

「同期とよい関係を持っておきたい」という気持ちが強い。

## 同期を食事に誘ったり話したりする機会をつくりたい

学生時代は、期間も目標も限定されています。卒業すること、そしてそれまでに友達と学生時代を楽しく過ごすということは大きな目標で、多くの人に共有されていると思います。

しかし、社会人になると、それぞれの価値観や人生設計の違いから、ライフスタイルが多様になります。「キャリア志向が強い人」「出世狙いの人」「ワークライフバランス重視の人」「よき男性との結婚を狙っていて、仕事そのものにはあまり力が入っていない人」「学生時代のように楽しく過ごしたい人」「家庭の経済問題など、本当に困っていて、とにかく収入がほしい人」など、実に様々な動機をもって職場に存在しているのです。

学生時代であれば、「友達と仲よくして学生時代を楽しく過ごす」ことは広く共有される目標なので、よほど対人関係に苦手意識がない限り、友達づきあいをすべきかどうか悩むようなことは少ないと思います。

しかし、職場で、それも「キャリア志向が強い人」「出世狙いの人」などに対して、「友達づきあい」を求めると、確かに断られる可能性もあるでしょう。

## 断られるのも嫌なので同期に一声かける勇気が出ない

では、職場に友達づきあいはないのか、というと、もちろんそんなことはありません。それは恐らく、共に働いていく中で、培われてくるものなのだと思います。仲よくするために食事するのは、せいぜい「新入社員歓迎会」程度でしょう。職場の目標はあくまでもよい仕事をする（つまり、職業的成果を上げる）ということにあるわけですから、そこでの対人関係もそれに沿ったものであれば、より自然にとけ込めると思います。

まずは、同期との関係性に悩むよりも、ご自身の仕事に熱中してみたらどうでしょうか。当然チームワークも必要になるでしょうし、「上司の愚痴」「職場の体質への愚痴」が、似たような形で出てくると思います。まだまだ女性にとって満足のいく仕事をしにくい社会。「話す機会もないので、共通の話題もありません」とのことですが、同じ職場で同じような苦労をすれば、おのずと共通の話題は出てくるものです。普段はエリートの顔をして「キャリア志向」を貫いている人でも、「本当にうちの職場の体質は古くて嫌になっちゃう」くらいのところでは同調できるはずです。

また、仕事ぶりを人から見てもらうことによって、価値観の違いを乗り越えた関係性を作っていくこともできるでしょう。「キャリア志向が強い人」は、往々にして「学生時代のように楽しく過ごしたい人」に癒やしを感じたりするものです。

## どうしても「関係性」を大切にしたい

食事に誘う、と考えるとハードルが高いかもしれませんが、一緒に残業をした後、あるいは一つのプロジェクトを終えた後などは、社会人的な「打ち上げ」のタイミングです。そんなときには一緒に食べたり飲んだりして、絆を深めていくことができるでしょう。

今回のような悩みは、女性の方が抱きやすいのかもしれません。女性はどうしても「関係性」を大切にする生き物ですから、「同期とよい関係を持っておきたい」という気持ちが強いのだと思います。
しかし、場所は職場。仕事を通して、よい関係を持てるといいですね。

### ♥ 同期との関係性に悩むよりも、ご自身の仕事に熱中してみては

# 先生への質問

## 「お局」とのつきあい方が、分かりません

職場に「お局」の女性がいます。感情の起伏が激しく、同僚の多くがつきあいに悩んでいます。因果関係ははっきりとは分かりませんが、お局の下で働いていた女性が何人も辞めていきました。男性の上司もある種の「怖さ」を理解しているようですが、あまり口出しできないようです。女性活躍が叫ばれ、かつてより職場に長く勤めるようになる中で、こうした「お局」的女性に絡む問題はこれから増えていくように感じます。どう対処していけばいいのでしょうか。

# 自分が尊重されないと攻撃的になる

ちょっと!!

資料できてないって どーゆーうことよ!! 期限通りにできないなら もう頼まないわっ!! 全く!! 何考えてんのよ!!

すみません…

昨日、明日でいいって言ったの自分なのに…

明日でいいから

「女」のホンネ

自分の存在そのものを評価してほしい。
他の女より下になりたくない。

## 自分が尊重されないと思うと感情の起伏が激しくなる

「お局」とは、職場を仕切る古参の女性社員を意味し、特に「意地悪」などの特徴を持つ人のことを言います。一般に「お局」のネガティブな特徴については管理職も毅然とした態度がとれないと言われています。

「お局」と呼ばれる女性は、まさに「女」の特徴を兼ね備えていると思います。自分が中心でいないと気がすまない、「お母さん病」がある、ということなどです。つまり、自分は誰よりも職場のみんなのことをわかっている、そして自分が尊重されないと傷つき攻撃的になる、といったようなことです。

## 「自分こそが職場の全てをわかっている」と思っている

「お局」は「女」度が高い、と考えれば、つきあい方は簡単です。

「お局」は、「自分こそが職場の全てをわかっている」と思っているものです。ですから、それに挑むようなものを全て「敵」と感じます。「お局」と異なる意見を主張したりすると「敵」と思われてしまいますから、その雰囲気を感じたら、「お局」に合わせた方がずっと楽です。

それでは職場が変わらない、と思われるでしょうか。

もちろん、その感覚は正常です。しかし、「職場としての限界」というものもあります。なぜ「お局」が一見無傷で存在しているのかというと、「お局」がいてバランスがとれるところがあるから、ということもあるのでしょう。積極的にバランスがとれている（「お局」の能力が必要とされている）ということもあるでしょうし、消極的な場合（「お局」をないがしろにするとマイナスの要素の方が大きい）ということもあるでしょう。

今の職場に「お局」がいるのであれば、自分がダメージを受けずに働いていく方法を考えるのが何よりです。

## 存在としての重要性でプライドを傷つけられたくない

最も重要なのは、「お局」のプライドを傷つけないこと。プライド、と言っても、「○○の仕事ができる」というのは、男性的です。男性はどちらかと言うと「課題達成型」で、何らかの課題を与えられて、それをこなして褒められると嬉しい生き物です。

女性、特に「女」は、そうではなく、自分の存在そのものを評価してもらえると幸せを感じるものです。ですから「プライドを傷つけない」ということは、「お局」と仕事で争わない、というニュアンスよりも、「お局」と、存在としての重要性で争わない、という感じでしょうか。

「〇〇さん（お局）がいるから職場が回るのは当たり前。少しでも〇〇さんに近づきたいから、教えてください」という低姿勢に出れば、「お局」がへそを曲げることはあまり考えられないでしょう。

## 誰からも頼られる自分でありたい

「女」である「お局」には、「お母さん病」があるはずです。つまり、「あなたのことを一番わかっているのは私」という感覚です。そんな「お母さん病」を生かして、「こんなとき、どうしたらよいと思いますか？」とできるだけ相談するのも一つの手です。「ああ、この人は私を頼っているんだな」と思えば、嫌な態度は減るはずです。「お局」に頼りつつ、彼女が言うことを決して１００パーセント聞くことなく、「せっかく完璧な助言をいただいたのに、これしかできなかった」というような態度で接していけば、「お局」は満足だと思います。

まとめとしては、「お局」は自分を脅《おびや》かす存在などではなく、「他の女よりも下にならないように必死で頑張っている存在」と考えれば、おのずと有効な関わり方がわかってくるのではないかと思います。

## ♥存在としての重要性で「お局」と争わない

## 先生への質問

# ライフスタイルが違う友人たちと気が合わなくなってきました

30代半ばで独身の会社勤めです。公私ともに充実していますが、次々と結婚、出産していく親友たちとの会話に疲れるようになりました。同じ立場の独身女性と話すと価値観が共有できて楽しいのですが、家庭や子ども中心の友人たちとは話していても、どうも盛り上がりません。今は「距離を置く時期」と思った方がいいのでしょうか。いずれまた、以前のように仲よくできるでしょうか。

# 親しかった友人が
# とても遠く感じられる

昨日、うちの娘がシャボン玉やりたいってきかなくて〜、〜〜〜
わかるー!! それ、うちもなのー!! かんべんしてよーって感じよね
うちはね、〜〜で〜〜
えー〜
そーなんだ
何だかつまんないなあ…

「女」のホンネ

友人と距離ができたことが不安。
関係を良好に維持したくて
無理をしてしまう。

## 結婚や出産を経て関心を持つことが変化した

友人関係は、共有できるものや、関心を持っていることなどによって、おのずとその性質が変わってきます。それぞれが別の人生を歩んでいるわけですから、ある時期にとても親しく感じた人たちが、別の時期にはとても遠く感じられることがあっても全くおかしくありません。

## 家庭や子どもの話ばかりする

特に30代などは、職場においても、家庭・子育てにおいても、最も忙しい時期です。ライフスタイルによって住む世界が全く違ってくるでしょう。家庭や子ども中心の人たちは、そういう話ばかりをしたがるもの。公私ともに充実した独身女性とは、関心領域が全く異なることも不思議ではありません。

そういう時期には、いくら過去に親しかったからといって、親しさを感じなくなるのも当然のことです。関心を持てない話を聞かされ合わせていると疲れますよね。ですから、今は「距離を置く時期」と思うのは正解だと思います。

もっと年をとれば、「加齢」「老後」など、また共通のテーマも出てくるので、再び距離が近くなるかもしれません。あるいは、昔からの友達にとらわれることなく、年を取った分、知り合う人の数も増えますから、いろいろな友達ができてくるでしょう。もちろん関係性が長ければそれだけ信頼感が増すということもありますが、大人になればなるほど、短い関係でも「この人は信頼できる」という目が養われてくるという側面もあります。

## 生活も価値観も異なって話がかみ合わない

考えてみれば、気が合わなくなった友人と距離ができる、というのはとても自然な現象です。これは、相手を否定するということとも異なります。それぞれの生き方が違えば、そこで作られてくる価値観も異なってくるわけですから、ただ「価値観が違う」というだけの話です。

この現象を、「親友との関係を良好に維持しなければ」という目で見てしまうと、悲しい話のように見えると思います。でも、その時々の自分に合った相手と関われるのも、血縁などに縛られない友人関係のよいところです。もちろん相手に失礼があってはいけませんが、それは自分が誠実にいるためのことであって、関係の維持に汲々《きゅうきゅう》とするためではありません。

もちろん、ライフスタイルが違う相手であっても、「私たち、生活が全然違うから、話が合わないよねー」「いいなー。私も子ども欲しいわ」などと率直に語り合える関係性であれば、それを楽しむこともできると思います。自分と相手の性質に合わせて、親しくできるのならする、そうでなければ距離を置く、ということでよいでしょう。

昔からの友人のよいところは、「思い出を共有できる」というところにもあります。今の価値観で語り合うのは負担でも、時には昔の話を懐かしみたい、というときにはいつでも話せると思います。そのためには常に友情をキープしておかなければ、という重圧を感じる必要もないでしょう。例えば「年賀状だけはやりとりする関係」

くらいの距離であっても、「久しぶりに会って話をしない？」という声をかければ、十分昔話は可能になると思いますし、昔の仲よしグループで会ってみるのも面白いと思います。

## ❤ 今は「距離を置く時期」と思う

# 先生への質問

## 習い事の仲間と話が合いません

40代の会社員です。趣味で習い事をしています。家庭とも職場とも違う、いい気分転換の場なのですが、世代の異なる女性たちとの関係に疲れることがあります。メンバーの大半が60～70代の主婦なので、ちょっと面倒事があると必ず「若い人お願いね」と押し付けられます。時々みんなで食事しても、孫の自慢や病気の話題などに終始し、話が合いません。仕方がない、と割り切るしかないですよね。

# 気分転換の目的だった 習い事がストレスになった

この間病院でのお〜
あら、○×病院？あそこのね〜
話が合わないなあ…
あそこはいいのお〜
この後、△△じいさんの所行かない？

「女」のホンネ

立場の違う人がいても
なじんでいる同士で
群れてしまう。

## 孫の自慢や病気の話題で盛り上がりたい

家庭とも職場とも違う、趣味の場。気分転換のはずの場所で、人間関係で苦労する、というのは困ったものですね。

確かに、ご本人がおっしゃっているように、「割り切るしかない」のは一つの事実です。会食の機会を避けようとしないのであれば、孫の自慢や病気の話題につきあうしかないですね。それが皆さんの関心事項であるわけですから。

## 高齢の女性は案外寛大。会食を断っても問題にしない

ただし、職場でもないので、みんなで食事しなくてもよいのでは

ないかと思います。年齢が違うわけですから、皆さんも、「若い人はいろいろ忙しそうね」「年寄りと食事するのはつまらないんでしょうね（冗談的なニュアンスで）」と見てくれるのではないでしょうか。高齢の女性は案外寛大なものです。

　考えてみたいのは、そもそも、何を目的として習い事をしているのか、ということです。ご相談からは、おそらく「親睦」ではなく、気分転換の場が欲しいということかなと思います。そうであれば、会食の機会を避けてもよいのではないでしょうか。他の方たちは「親睦」が一つの目的だとすれば、自分は自分の目的を目指せばよいわけで、その方たちと行動を共にしなくてもよいと思います。都合が悪い、と避けてしまってよいのではないでしょうか。

　会食をするのであれば、できるだけ習い事の話をするようにすれば、孫や病気の話から逃れられるかもしれません。お互いをつないでいるのが、その習い事なのですから、当然と言えば当然です。

## 社会から引退したような気持ちになっている

また、話を合わせることを目的とせずに、聞き役に徹するのもよいかと思います。何も、楽しく会話することだけがコミュニケーションではありません。

「若い人お願いね」に対しては、逆に相手を持ち上げるのも有効だと思います。「私一人だと自信がないので、先輩として助けてくださいよ」などと言ってみるのです。全体に、「先輩として尊敬しているので」とか「○○さんは××のセンスがいいから、とてもまねできない」などと相手を持ち上げるのです。

孫や病気の話ばかり、という高齢の方は、社会から引退したような、寂しい気持ちになっている人もいるのではないかと思います。
ですから、若い人から頼られることは決して嫌ではないはずです。

## 高齢の人として扱わず友達づきあいしてみる

年齢差についてのこちら側の認識を明るく変えてしまうことも効果的です。相手を高齢の人として扱わず、友達づきあいしてしまうのです。「若い人お願いね」と言われたら、「そんな、冷たーい。○○さんも一緒にやってくださいよお」と頼んでみれば、嫌な気もしないでしょう。

あるいは、同世代の友達のように、「わあ、そのシャツ素敵ですね〜。○○さんは本当におしゃれだわ」と話しかけたりすればよいと思います。

いずれも難しそうであれば、習い事ということは「先生」がいるはず。趣味の教室外でのつきあいの是非も含めて、こういう悩みを、先生に相談してみたらどうでしょうか。あるいは、先生ではなくても、人望のある、親分肌の人に相談してみてもよいと思います。

## ♥ 楽しく会話することだけがコミュニケーションではない

# 先生への質問

## 人づきあいが苦手で、友人がいないので老後が不安です

40代独身。人づきあいが苦手で、会社でもプライベートでも親しい友人がいません。もちろん私に原因があるのですが、困ったことに、友人がいないという状況が案外気にならないのです。たまに飲み会に誘われても、最初はうれしいのですが、開催日が近づくにつれ憂鬱《ゆううつ》になります。ただ最近、年老いたときのことを考えると、気軽に会える友人の一人や二人はいた方がよいのではないかと思うようになりました。無理してでも友人をつくった方がよいのでしょうか。

# 友達のいない老後は寂しいかな？　とも思う

あーー
一人って
幸せ〜
さいこーー
でも老後のこと
考えると…
友達作った方が
いいかな…
さみしいの〜
てなる？

## 「女」のホンネ

「形のつながり」を維持するために
自分は憂鬱でも機嫌がよさそうに
ふるまってしまう。

## 気軽に会える友人がいた方がよいのではないかと悩んでいる

人には、大きく分けて、人づきあいから満足を得るタイプの人と、自分で何かを達成することから満足を得るタイプの人がいます。前者は、友達がいないと寂しく感じるものですが、ご相談の方は、おそらく後者なのでしょう。それは「困ったことに」などと否定すべきものではなく、一つの特徴です。おそらく歳をとられてもそれほど変わらないと思います。

## 人とわいわいやるのは性に合わないけれども、何かに取り組むのは好き

ですから、憂鬱になってまで、無理してお友達をつくる必要はな

いと思います。少なくとも、社交のためのお友達は、負担になってしまうかもしれません。

歳をとってからも、本当に困ったことがあれば様々な相談窓口がありますし、いろいろな制度があります。

また、社会に参加しているという意識がほしければ、ボランティアなど何らかの「役割」のある立場で人と関わっていくことができます。この場合、一見したところは他者との交流に見えるでしょうが、「役割」を果たしている、という意味では自分の達成でもあります。ですから、達成感から満足を得るタイプの方でも、この手の交流であれば苦手感はないと思います。

もちろん、お友達をつくることも否定するわけではありません。例えば似た者同士、つまり、「人とわいわいやるのは性に合わないけれども、何かに取り組むのは好き」というようなタイプの方と友情を築くことは可能です。

いつもベタベタするわけでもない。その人がいつもいてくれなくても大丈夫。でも、一緒に何かに取り組むのも楽しいし、取り組んだことを報告し合うのも楽しい。もちろん、本当に困ったときには助け合う。そんな距離感なら、よいお友達になれるのではないでしょうか。

## 未経験の老後についての不安から これまでにない思考が芽生える

そのためには、「形のつながり」には注意した方がよいと思います。「友達をつくらなければ」と思ってしまうと、本来の自分は憂鬱でも機嫌がよさそうにふるまったり、「こんなにしょっちゅう会わなくても」と思っても相手の言うがままに振り回されてしまったりする可能性があります。これらはいわば「形のつながり」と呼べるもので、見た感じつながってはいるけれども、心がつながっているわけではない、と言えます。

老後は確かに未経験のものですから、いろいろと不安を喚起されますね。「気軽に会える友人の一人や二人はいた方がよいのではないか」とか、「無理してでも友人をつくった方がよいのか」というのは、まだ未経験の老後についての不安から生み出されてくる思考です。

未経験のものは、何でも不安を生み出すものです。そして、それらの不安のすべてが必ずしも正しいとは言えないのが現実です。

全般的に、一人でいることが気にならないという人は、自分にとって必要なサービスを得るのも案外上手です。「人からどう思われるだろうか」があまり気にならないからです。ですから、自分にふさわしいサービスがあれば利用することも上手だと思いますので、あまり今から心配しなくてもよいと思います。

　もちろん、自分と似たようなタイプの人、あるいは正反対だけれどもなぜか気が合うタイプの人と、比較的縛りの少ない友情をはぐくむのも、機会があればよいでしょう。

　とにかく、「人とベタベタすることよりも、自分で何かを達成するのが好き」という特徴を否定することなく、幸せな老後を迎えていただきたいものです。

## ♥「形のつながり」は、心もつながっているとは限らない

# 私たちはなぜ「女」を面倒に思うのか

Hiroko Mizushima

あるある女性の悩み

私たちはなぜ「女」を面倒に思うのか
あるある女性の悩み

2021年(令和三年)4月19日　初版第1刷発行

著　者　水島広子

発行者　石井 悟
発行所　株式会社自由国民社
〒171-0033　東京都豊島区高田3-10-11
https://www.jiyu.co.jp/
振　替　00100-6-189009
電　話　03-6233-0781(代表)
印刷所　八光印刷株式会社
製本所　新風製本株式会社

イラスト　村澤綾香
ブックデザイン　長信一(PEACS)
本文DTP　有限会社中央制作社
協　力　株式会社　北日本新聞社

© Hiroko Mizushima Printed in Japan 2021

●造本には細心の注意を払っておりますが、万が一、本書にページの順序間違い・抜けなど物理的欠陥があった場合は、不良事実を確認後お取り替えいたします。小社までご連絡の上、本書をご返送ください。ただし、古書店等で購入・入手された商品の交換には一切応じません。
●本書の全部または一部の無断複製(コピー、スキャン、デジタル化等)・転訳載・引用を、著作権法上での例外を除き、禁じます。ウェブページ、ブログ等の電子メディアにおける無断転載等も同様です。これらの許諾については事前に小社までお問合せください。また、本書を代行業者等の第三者に依頼してスキャンやデジタル化することは、たとえ個人や家庭内での利用であっても一切認められませんのでご注意ください。
●本書の内容の正誤等の情報につきましては自由国民社ホームページ内でご覧いただけます。
https://www.jiyu.co.jp/
●本書の内容の運用によっていかなる障害が生じても、著者、発行者、発行所のいずれも責任を負いかねます。また本書の内容に関する電話でのお問い合わせ、および本書の内容を超えたお問い合わせには応じられませんのであらかじめご了承ください。
●本書は、北日本新聞のコラム「『女』のホンネ」で2016年から2019年に連載された内容を再構成し、単行本化したものです。